청소년들의 진로와 직업 탐색을 위한
잡프러포즈 시리즈 61

재미있고, 보람있고
멋있는 직업
사육사

청소년들의 진로와 직업 탐색을 위한 잡프러포즈 시리즈 61

재미있고, 보람있고
멋 있 는 직 업 **사육사**

김호진 지음

ZOOKEEPER

TaLK SHOW

"
사람이 죽으면 먼저 가 있던 반려동물들이
마중 온다는 얘기가 있다.
나는 이 이야기를 무척 좋아한다.
"

- 스노우캣 작가 권윤주 -

C·O·N·T·E·N·T·S

C·O·N·T·E·N·T·S

ZOO
KEEPER

사육사 김호진의
프러포스

안녕하세요!

저는 서울대공원 동물원 동물복지1과에서 동물들과 생활하고 있는 김호진 사육사입니다.

어릴 적 집안에서 들리는 새소리, 어항 속의 물소리, 토끼의 당근 갉아 먹는 소리, 강아지의 짖는 소리는 저의 기쁨이자 행복이었습니다. 현재 사육사로 근무할 수 있는 것도 어릴 때 함께했던 동물 친구들 덕분이라고 생각합니다.

여러분에게 동물은 어떤 존재인가요? 내가 기분 좋을 때만 함께 놀고 싶고, 시간이 날 때만 챙겨주고 싶은 존재인가요? 동물 친구들은 항상 여러분과 함께하고 싶고, 여러분을 기다리고 있답니다. 멘토링이나 수업 시간에 항상 하는 말이 있습니다. 동물 친구들이 집에서 기다려줄 때 더 잘해주고, 더 많이 놀아주라고요.

저에게는 어릴 때부터 12년 동안 키운 강아지가 있었습니다. 하지만 그때는 몰랐죠. 강아지가 언젠가는 제 곁을 떠날 수도 있다는 걸요. 뭐 그렇게 대단한 걸 한다고 더 놀아주지 못하고, 더 안아주지 못했는지 후회됩니다.

반려동물을 키우는 여러분, 아직 늦지 않았습니다. 지금부터라도 열심히 놀아주고, 한 번 더 쳐다봐 주고, 한 번 더 안아주면 충분합니다.

우리는 직업을 통해 하나의 세계를 들여다볼 수 있습니다. 사육사라는 직업은 생명을 바라보는 눈을 뜨게 만들죠. 인간이외의 생명에 대해 인간이 어떠한 태도를 지녀야 하는지, 생명은 수단이 아니라 목적이라는 중요한 세계관으로 우리를 안내합니다.

사육사는 무한한 생명의 세계를 만나는 직업이라고 확신합니다. 이 책을 통해 사육사라는 직업에 대한 정보와 함께 동물을 대하는 태도, 동물을 생각하는 마음가짐이 긍정적으로 바뀔 수 있다면 저는 행복할 것 같습니다.

생명을 돌보는 직업, 사육사를 꿈꾸는 여러분들의 신념과
미래를 응원합니다.

매일매일 동물과 함께하는 삶!
제 직업은 사육사입니다.

- 사육사 김호진 올림

ZOO
KEEPER

첫인사

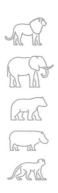

편 **토크쇼 편집자**

김 **사육사 김호진**

편 김호진 선생님, 안녕하세요? 서울대공원 사육사님을 인터뷰하게 되어서 영광입니다. 생명의 소중함이 키워드가 되는 이때 동물을 돌보는 전문직업인을 인터뷰하게 되어 기쁩니다.

김 안녕하세요. 서울대공원 동물원에서 근무하고 있는 김호진 사육사입니다. 먼저 이렇게 친구들을 만날 수 있게 좋은 기회를 주셔서 감사하다는 말씀을 드리고 싶습니다. 마지막 페이지까지 친구들과 함께 즐거운 시간 보냈으면 좋겠습니다.

편 사육사라는 직업은 선생님께 어떤 의미가 있나요? 이 직업을 청소년에게 프러포즈하는 이유가 있나요?

김 사육사라는 직업은 저에게 직업이라는 의미보다는 하나의 생활, 일상의 일부분이 되었습니다. 우리가 쉬는 날 집에서 자다 일어나 배고프면 밥을 먹는 것처럼 사육사라는 직업도 저에게는 특별한 이유 없이 당연히 해야 하는 것이 되었죠. 그리고 제가 오랫동안 사육사로 생활하며 지내본 결과 사육사라는 직업이 굉장히 재미있고, 신기하고, 즐겁고, 보람되고, 멋있어서 친구들에게 꼭 자세히 알려주고 싶어서 이렇게 프러포즈하게 되었답니다.^^

편 선생님, 저희 집에는 래브라도 레트리버가 있습니다. 동물의 오물을 처리하고, 산책시키고, 먹이를 챙기면서 일상에서 살피는 것도 보통 일이 아니거든요. 그런데 동물원의 그 수많은 동물을 돌보는 일은 너무 힘들 것 같아요.

김 생각해 보면 동물을 키운다는 게 손이 많이 가고 신경 쓸 것도 많고 해야 할 게 많은 건 사실입니다. 하지만 이걸 일이라고, 뭔가 해치워야 할 업무라고 생각하면 더 힘들어지고 할 게 많다고 생각될 수 있어요. 그냥 동생 하나 생겼다고 생각하고 가족 한 명 더 챙긴다고 생각하면 마음이 편할 것 같습니다. 이왕 하는 거 즐겨야죠.

편 동물에 대한 인기가 많아질수록 현실과 동떨어진 환상도 커지고, 버려지는 동물도 많아지는 것 같아요. 동물을 대하는 사람의 마음은 어떠해야 하나요?

김 새로운 가족을 데려와 함께 한다는 생각이어야 해요. 동물과 많은 시간을 보내고 삶을 함께 보낼 생각이 아니라면 애초에 시작하지 않는 게 맞다고 생각합니다. 이 책을 읽는 학생들도 동물을 직접 씻겨주고, 산책해 주고, 놀아주고, 아프면 용돈을 털어서 병원에 데려가 줘야 해요. 만약 이게 어렵다면 동물을 키우지 말고 바라보는 것으로 만족하는 게 좋을 것 같습니다. 동물은 삶을 함께 살아가는 가족과 같거든요.

편 동물과 인간에 대한 이야기, 동물을 돌보는 직업에 대한 대화는 결국 생명의 소중함, 자연의 소중함에 대한 대화일 것 같아요. 동물을 돌보는 방법, 동물들에 대한 재미있는 에피소드, 동물을 대하는 올바른 자세 등을 선생님께 심도 있게 배우겠습니다. 생명과 생명을 돌보는 직업의 세계로 함께 들어가 보시죠.

ZOO
KEEPER

동물원이란

동물 사육(동물원)이란 무엇인가요?

편 동물 사육(동물원)이란 무엇인가요?

김 동물 사육이란 '어린 가축이나 짐승이 자라도록 먹여서 기름'이라는 사전적 의미처럼 동물원에서 동물이 잘 지낼 수 있도록 관리하는 것을 말합니다. 우리는 보통 동물원에서만 동물을 사육하고 관리한다고 생각하는데 생각보다 다양한 곳에서 동물을 사육하고 있어요. 예를 들면 농장에서도 소, 돼지, 닭을 사육하고 있고, 동물들을 구조해 준 구조센터에서도 동물을 사육하고 있습니다. 그리고 실험동물이 필요한 곳에서도 동물을 사육하고 있고요. 이처럼 동물이 있는 곳이나 동물 관리가 필요한 장소라면 사육사가 필요하고, 그곳이 작은 동물원, 동물 사육을 하는 현장이 되는 셈이죠.

동물원은 왜 필요한가요?

편 동물원은 왜 필요한가요?

김 동물원의 필요성에 관해 이야기하려면 동물원의 순기능에 대한 이해가 필요합니다. 물론 단편적으로 동물원의 필요성에 대한 찬반 의견에서 대다수의 반대 의견은 동물원에 살고 있는 동물이 불쌍하기 때문에 동물원이 필요 없다고 얘기하는 분들이 많습니다. 하지만 동물원의 순기능에 대한 충분한 이해와 동물원의 가치를 깊이 있게 고민해 본 분이라면 쉽게 단언할 분은 많이 없을 거예요. 동물원은 크게 전시, 종 보전, 교육, 연구라는 네 가지 순기능을 갖고 있습니다. 그중 종 보전에 대한 부분을 예로 말씀드리면, 동물원은 야생에서 멸종 위기에 처한 동물의 종을 보전해 멸종을 막는 중요한 기능을 하고 있어요. 이런 중요한 기능을 하는 동물원의 필요성에 대해 부정적으로 생각하는 분들도 있기 때문에 각자 여러 가지를 고려하여 생각해 보면 좋을 것 같습니다.

동물이 멸종된다는 건 어떤 의미인가요?

편 동물이 멸종된다는 건 어떤 의미인가요? 동물의 멸종이 인류에게 어떤 영향을 주나요? 실제로 사람들은 체감하지 못할 것 같아요.

김 사라진다는 것은 다시는 나타날 수 없게 된다는 의미입니다. 한 마리가 남아있든 두 마리가 남아있든 사라지지 않도록 유지하려는 노력이 필요해요. 어떤 동물이 멸종됐다고 해서 당장 살아가는데 큰 변화나 어려움이 생기진 않습니다. 하지만 그런 부분들이 하나하나 쌓이면서 자연의 사이클, 고리들에는 분명히 영향을 주거든요. 먹이사슬이 무너지면서 생태계의 사이클이 망가지죠. 간단한 예로, 벌이 멸종할 경우 생태계에는 치명적인 변화가 생깁니다. 벌과 공생하는 식물들이 번식하지 못하며 이에 따라 나무와 꽃들이 줄어들고, 이후 전 세계적으로 이산화탄소나 미세먼지가 상승하게 되며, 지구의 평균 온도 상승, 대사 장애 위험 증가 등 인간들이 살아가는 환경과 삶의 질은 점점 나빠질 거예요.

동물원의 종 보전 활동은 어떻게 이루어지나요?

편 동물원의 종 보전 활동은 어떻게 이루어지나요?

김 서울대공원은 동물원 안에 종 보전 연구실이 있어요. 토종 동물을 키워서 야생으로 보내는 등 엄격하게 관리하고 있습니다. 멸종 위기종인 삵 보존 활동, 검은 머리 갈매기, 산양, 부리가 주걱처럼 생긴 저어새도 종 보전을 위한 연구를 했죠. 네 가지 동물을 닮은 사슴인 사불상이 있는데 야생에서는 이미 멸종된 상태라 현재는 동물원에서 밖에 못 봐요. 그래서 동물원에서는 여러 토종 동물들을 번식시켜 야생으로 돌려보내는 노력을 하고 있는데, 이러한 종 보전 활동이 동물원의 매우 중요한 기능이라고 생각해요. 사실 전문가들이 번식시켜서 풀어주더라도 우리의 자연 상태가 동물들이 잘 살 수 있는 자연환경이 아니에요. 어렵게 번식에 성공한 동물들을 자연에 풀어줬을 때 생존할 수 있어야 하는데 얼마 못 살고 죽게 되면 결과적으로는 실패한 거잖아요. 종을 보전하는 것도 중요하지만 자연에서 생존하고 적응하는 것까지 관리하는 게 진정한 동물보호라고 생각해요.

편 열악한 환경의 동물원을 반대하는 분들이 많은 것 같아요.

김 동물을 백화점 상품처럼 충분한 환경과 시설 없이 전시만 해놓은 것에 대해서는 저도 반대합니다. 현재 아래의 법률이 시행되었지만 부족한 부분이 많아 개정된 동물원수족관법 등 다섯 가지의 환경 법안이 국회를 통과하여 시행 날짜를 기다리고 있어요.

[법률 제16165호] 동물원 및 수족관의 관리에 관한 법률
[대통령령 제29350호] 동물원 및 수족관의 관리에 관한 법률 시행령
[환경부령 제787호] 동물원 및 수족관의 관리에 관한 법률 시행규칙

여기서 특히 중요한 내용은 동물원과 아쿠아리움은 법률에 나온 기준들을 충족한 후 허가를 받아야 운영할 수 있습니다. 그리고 야생생물 보호 및 관리에 관한 법률에서 동물원·수족관(아쿠아리움) 이외 시설에서는 야생동물 전시를 금지한다는 내용이 있고요. 이러한 법들이 시행되면 앞으로 열악한 환경의 동물원들은 사라질 것으로 생각해요. 그런 날이 빨리 오기를 저도 바랍니다.

동물원의 주인은 누구인가요?

편 동물원의 주인은 누구인가요?

김 여러분들은 동물원의 주인이 누구라고 생각하나요? 동물원 사장님? 땅 주인? 관리하는 직원? 사육사? 동의할지는 모르겠지만, 동물원의 주인은 당연히 동물이라고 생각합니다. 동물이 없으면 동물원이라는 곳이 존재할 리 없고 동물들 때문에 살아 숨 쉬는 곳이기 때문에 동물원의 주인은 당연히 동물이죠.

예전 강의에서 링컨 대통령의 명언을 조금 바꿔서 사용해 본 적이 있는데요, Zoo of the animal, by the animal, for the animal, shall not perish from the earth. 동물의, 동물에 의한, 동물을 위한 동물원은 이 지상에서 절대 사라지지 않을 것입니다. 누군가가 만들어서 사용해 봤는지는 모르겠지만, 굉장히 와닿는 의미 있는 말이라고 생각해요.

예전에는 동물원의 주체가 관람객 즉 보는 사람 위주였지만, 동물 복지에 대한 인식이 높아졌잖아요. 동물원은 이제 동물을 중심으로 운영되고 있습니다. 예전에는 사람들이 동물원에 왔을 때 동물이 안 보이면 항의했거든요. 하지만 지금은 동물들이 자기가 있고 싶은 곳에 있기 때문에 안 보여도 할 수 없고, 보는 사람이 스스로 찾아서 봐야 해요. 물론 관람이라는 단어는 아직도 사용하고 있지만 주체가 사람 중심에서 동물 중심으로 바뀌었어요. 지금은 동물이 사는 곳에 사람이 잠깐 지나가는 느낌이죠. 앞으로 동물원의 관람 문화가 이런 방향으로 바뀌는 게 바람직하지 않나 생각합니다.

나무 기둥을 좋아하는 분홍 펠리컨

동물원의 역사를 알고 싶어요.

🔵편 동물원의 역사를 알고 싶어요.

🔵김 인류 최초의 동물원은 1752년 오스트리아 빈의 쉰브룬 궁전에 있는 쉰브룬 동물원Tiergarten입니다. 지금도 운영하는 세계에서 가장 오래된 동물원이죠. 대한민국 최초의 동물원은 1909년 11월 일제강점기 때 창경궁에 세워진 창경원이에요. 세계 36번째, 동양에서는 7번째로 세워졌죠. 창경원 개원 당시 포유류 29종 121마리, 조류 43종 240마리 등 총 72종 361마리

서울대공원 개원 (출처: 구글)

가 있었어요. 일제강점기가 끝나면서 우여곡절 끝에 창경원은 창경궁으로 복원되었고, 그곳의 동물들은 1984년에 과천의 서울대공원 동물원으로 옮겨져 현재까지 관리되고 있습니다. 서울대공원 동물원은 2009년에 개원 100주년 기념행사를 했고, 대한민국에서 가장 오래된 동물원으로서 명실상부한 역할을 하고 있어요.

녹각(딱딱한 뿔)이 되어 뾰족해져요

동물원에도 종류가 있나요?

<편> 동물원에도 종류가 있나요?

<김> 관람객의 입장에서 동물원의 종류가 나누어져 있는 것은 아니에요. 하지만 사육사들의 입장에서는 몇 가지로 나누어 볼 수 있습니다.

첫째, 크기에 따른 분류

실내 동물원 - 소형 동물원 - 대형 동물원

면적을 따진다기보다는 관리 규모에 따라 실내 동물원, 소형 동물원, 대형 동물원 정도로 나눌 수 있어요.

둘째, 관리 주최에 따른 분류

민간 동물원 - 공공기관 동물원

동물원 관리를 개인회사가 하는 사기업에서 관리하냐 아니면 나라에서 관리하냐에 따라 나뉘어요.

셋째, 관리하는 동물에 따른 분류

동물원 - 아쿠아리움

사육사는 아쿠아리움도 동종업계라고 생각하는데 관람객 입장에서는 다른 곳이라고 느껴질 것 같아요.

아쿠아리스트도 사육사인가요?

편 아쿠아리움에 계시는 분들도 사육사인가요?

김 아쿠아리움에서 근무하는 사람들을 아쿠아리스트라고 하는데요. 아쿠아리움에는 물고기 외에 해양 포유류들도 있어요. 서울대공원 동물원에도 해양포유류인 돌고래가 있었고, 바다사자, 물범도 있어서 사육사들이 하는 일은 비슷하죠. 동종업계라고 볼 수 있고, 동물원에서의 동물 사육 경력을 살려서 아쿠아리움에 가서 일하기도 해요. 하지만 아쿠아리스트들은 동물원 사육사와는 조금 다른 업무 능력이 있습니다. 아쿠아리스트는 아쿠아리움에서 근무하는 사육사들이라 모두 물에 익숙하죠. 대부분 수영을 잘하고 스킨스쿠버 자격증을 보유하고 있고요. 저도 대학교 때 아쿠아리스트를 하고 싶어 준비했었던 적이 있는데요, 물과 친해지기 위해 수영을 배우고 스킨스쿠버 자격증을 취득했어요. 요즘도 아쿠아리스트가 되기 위해서는 수영 실력과 스킨스쿠버 자격증이 필요하답니다.

동물 사육의 전문 이론이 따로 있나요?

편 동물 사육의 전문 이론이나 방법이 따로 있나요?

김 이론적인 방법이 나온 전문 서적들은 많습니다. 하지만 전문 서적을 맹신하지는 말라고 얘기하고 싶어요. 전문 서적이 틀렸다는 이야기가 아니고, 동물을 관리하는 데에는 다양한 관점이 있다고 생각하거든요. 동물은 생명체예요. 사람처럼 각각의 동물마다 개성이 다르고, 취향, 성격, 좋아하는 것들도 다 다르죠. 하지만 전문 서적은 그 부분들을 다 다룰 수 없기 때문에 대부분 일반화되어 있어요. 전문 이론은 동물 사육의 시작을 위한 참고 사항일 뿐 그 이후부터는 직접 부딪히고 노력하며 각각의 동물에 맞는 사육 방법을 터득해야 합니다.

예를 들어, 양을 키우고 싶은데 먹이로 생선을 준비하면 안 되듯이 전문 서적은 양을 키우기 위해 준비할 수 있는 최소한의 소양을 갖출 수 있게 해주는 시작점이라고 생각하면 좋을 것 같아요. 그리고 전문 서적 이외에 내셔널 지오그래픽 National Geographic 등 야생에서의 동물 영상들을 참고하면 도움이 많이 됩니다. 소수의 동물이나 특이한 동물에 대한 자료는 대부분 영어 원서로 된 경우가 많아서 사육사들은 자신이 담당하는 동물에 대한 정보를 영어 원서에서 많이 찾거든요. 그리고 각종 연구 논문, 학술지, 보고서 등 다양한 곳에서 이론적인 정보를 얻기 위해 노력하죠. '양은 초식 동물이니까 풀을 먹어. 난 풀을 준비했으니까 양을 잘 키울 수 있을 거야. 이제 양을 키워볼까?' 이런 오류를 범하지 않았으면 좋겠습니다.

녹용 → 녹각으로 녹각화가 되어가며 벨벳(부드러운 껍질)이 벗겨지고 피가 나요

동물원 동물과 야생동물은 어떤 차이가 있나요?

편 동물원 동물과 야생동물은 어떤 차이가 있나요?

김 여러 가지가 있겠지만 사육사의 입장에서 가장 큰 차이점은 동물이 살아가는 데 있어서 사육사, 즉 사람의 개입이 있냐 없냐의 차이라고 생각합니다. 꼭 동물원뿐만이 아니더라도 사람과의 접촉이 늘어나면 늘어날수록 동물의 야생성은 줄어들 수밖에 없거든요. 물론 동물원에서는 동물의 야생성을 높이고 사람들과의 접촉을 최소화하기 위해 노력하지만, 동물원 동물과 야생동물이 같은 상황이 될 수는 없습니다. 그래도 최대한 야생성을 해치지 않으려고 노력하죠. 사람이 동물의 야생성에 개입하는 순간 되돌리기 어려워요. 잘 모르는 분들은 훈련하다 말면 된다고 생각하는데, 사람이 개입하기 시작하면 그게 지속되어야만 동물의 기존 상태가 유지되거든요. 그래서 가능하면 야생동물인 상태에서 식사를 챙기거나 청소만 하는 등 최소한의 것만 해주고, 동물의 야생성은 최대한 지키려고 노력해요.

외국 동물원과 국내 동물원의 차이가 있나요?

편 외국 동물원과 국내 동물원의 차이가 있나요?

김 동물원에 입사한 후에 해외로 여행을 다닐 때마다 다양한 동물원을 다녀본 경험이 있어요. 처음에 여행할 때는 해외 동물원을 벤치마킹한다는 생각에 조금 멀리 가더라도 유명한 동물원이나 좋은 동물원이 있는 곳을 방문했었는데, 이제는 꼭 방문할 필요성을 느끼지 못해요. 그 이유는 동물원에 엄청난 차이가 있다고 느껴지지 않았기 때문입니다. 과연 외국 동물원이 국내 동물원보다 더 좋을까요? 동물원마다 시설적인 차이는 분명히 존재하지만, 저는 개인적으로 사육사들이 동물을 키우고 관리하는 방법에는 큰 차이가 없다는 결론을 내렸어요. 물론 외국에는 화려하고 거대한 동물원이 많아요. 반대로 국내 동물원보다 부족해 보이는 동물원도 많고요. 하지만 그 안에서 동물을 관리하고 노력하는 사육사들의 노고에는 큰 차이가 없어 보였어요. 사람이기 때문에 시설이나 외관에 눈이 먼저 가는 게 당연하지만 이 책을 보는 여러분은 외국 동물원, 국내 동물원 할 것 없이 저 동물은 얼마만큼 행복할까 궁금해하면서 관찰하는 것도 좋을 것 같습니다.

동물원은 앞으로 어떻게 변할까요?

편 동물원은 앞으로 어떻게 변할까요?

김 대한민국 동물원의 역사가 100년을 넘었습니다. 100년 전에 과연 지금의 동물원을 상상할 수 있었을까요? 저 역시 앞으로 10년 후 동물원, 100년 후 동물원의 모습을 상상하기가 어렵네요. 하지만 자신 있게 얘기할 수 있는 것은 미래의 동물원은 지금보다 동물들이 살기 좋고, 행복하게 지내는 곳으로 변화할 거라는 사실입니다. 불과 10년 전, 5년 전과 비교해 봐도 동물원은 훨씬 좋아지고 발전했어요. 물론 쉽게 바뀌지는 않겠죠. 사육사들과 동물을 사랑하는 사람들의 꾸준한 관심과 노력이 있어야만 동물을 위한 동물원으로 계속 발전할 거예요. 동물 복지에 대한 국민 인식도 점점 높아지고 있고, 동물에 대한 관심이 커지면서 사육사들의 위상도 함께 올라갔습니다.

편 저도 동물과 사육사 직업에 대한 관심이 어마어마하다는 걸 느낍니다. 잡프러포즈 시리즈도 동물 관련 직업에 대한 요청이 많이 들어오죠. 어떤 장단점이 있을까요?

김 여러 가지 제재와 제약이 생겼죠. 동물 공연 등에 제재가 생겼고, 수족관법도 더 까다로워졌습니다. 그리고 아무나 동물원을 열어서 무분별하게 동물을 키우는 것도 불가능해졌어요. 동물에 맞는 환경도 갖춰야 하고, 동물마다 다르게 관리해 줘야 해요. 동물원의 질적인 측면에서 보면 확실히 좋아졌습니다. 이게 맞는 길이고요.

덩치가 큰 바다사자

우리나라 동물원은 선진화되어 있나요?

편 우리나라 동물원은 국제적인 기준에서 본다면 선진화되어 있나요? 아니면 국제 기준을 맞추기 위해 노력하고 있나요?

김 앞서 해외 동물원과 국내 동물원 차이에서 얘기했듯이, 해외 여러 동물원을 다니면서 동물원 환경과 사육에 대해 벤치마킹할 기회가 있었어요. 그중 굉장했던 곳은 자연 그대로 국립공원을 만들고, 그 안에서 동물들이 생활하는 환경을 만들어 준 곳이에요. 우리나라의 규모와 환경 면에서 비교가 안 될 정도죠. 그래도 우리나라 동물원이 국제적인 기준에 미달하는 수준은 아니에요.

5년 전에 서울대공원과 에버랜드가 아시아 동물원 최초로 미국동물원수족관협회AZA: Association of Zoos and Aquariums 인증을 성공적으로 마무리했어요. 협회에 인증을 하는 게 쉬운 건 아니거든요. 시설과 운영 면에서 국제 기준에 맞춰야 해서 정말 까다로워요. 국제 협회 인증을 위해 1년 넘게 매뉴얼을 만들고 환경도 개선하고 시설물도 구축했어요. 협회에 인증한 이후에도 그 자격을 유지하려면 기준을 계속 맞춰야 하고요. 예를 들어 코끼리 한 마리당 훈련사는 몇 명이어야 하

AZA(미국동물원수족관협회) 인증서

는 등 세밀한 기준들이 있거든요. 외국에서도 우리나라의 동
물원을 인정해 주고 있어요. 그만큼 우리나라 동물원도 발전
했다고 생각합니다.

ZOO
KEEPER

사육사의 세계

사육사의 업무는 어떻게 되나요?

편 사육사의 업무는 어떻게 되나요?

김 사육사의 사전적 의미는 가축이나 짐승을 기르고 돌보는 일을 직업으로 하는 사람이라고 나와 있습니다. 한마디로 동물을 건강하게 잘 키우는 사람이죠. 업무를 나눠보자면 먹이 급여, 훈련, 개체관리 정도로 나눌 수 있을 것 같아요. 겉으로 보기에는 단순해 보여도 일련의 과정을 살펴보면 많은 고민과 갈등이 있습니다. 예를 들어, 각 가정에서 아이를 키울 때 '밥 잘 챙겨주고, 놀아주기만 하면 돼.'라고 생각하지 않잖아요? 동물을 키우는 것도 마찬가지입니다. 먹이를 챙겨주는 과정에서도 어떤 먹이를 어떻게 줘야 잘 먹고, 건강하게 자랄 수 있을지 계속 고민하고 공부해야죠. 그리고 동물을 사육하는 과정에서 환경, 시설, 기계 등에 대한 관리도 필요하며, 한 단계 더 나아가 동물에게 즐거움을 제공하는 장난감과 양질의 복지를 제공할 수 있는 방법을 연구해야 합니다.

그리고 한 가지 더, 사육사는 동물 관리를 기본으로 하면서 동물원을 방문하는 관람객들에게 양질의 관람을 제공하고 그들이 다양한 정보를 습득할 수 있도록 도움을 줘야 해요. 동

업무	주요 내역
동물 생태 및 시설물 점검	• 동물 생태 점검 • 방사장 잠금장치 확인 • 시작 전 안전 미팅 실시
방사장 청소 및 건초 급여	• 방사장 내 투쟁 발생 점검 • 동물 채식 및 분변 상태 점검 • 방사장 청소 시 동물과의 안전거리를 확보한 뒤 청소 실시 • 관람로 청소 및 위생 관리 • 동물 번식 기간에는 동물들과 정면으로 마주치지 않도록 주의
사료 조리 및 먹이 급여	• 작업 도구 세척 및 소독 • 사료 급여 및 채식 상태 점검 • 방사장 주변 소독 실시
동물사 순찰 및 생태 점검, 동물 프로그램 준비	• 동물 상태 점검 • 각 방사장 투쟁 예방 • 관람객 안전사고 예방 관리 • 동물 프로그램 진행 준비 • 시설물 점검 및 보수 • 관람로 주변 소독
동물 프로그램 진행 (생태설명회)	• 생태설명회 프로그램 진행 • 프로그램 진행 시 관람객 및 동물 안전 관리
업무 마감	• 동물사 시설물 점검 및 동물 상태 확인 후 일지 작성 • 이환 동물 상태 기록 • 집중 관리 동물 상태 기록 • 시설물 이상 상태 기록 • 일일 업무 보고 및 기록

물의 생태적인 습성과 다양한 정보가 적혀 있는 설명 안내판을 만들고, 사육사가 직접 동물에 대한 정보를 전달하는 생태 설명회도 운영하죠. 이러한 활동에 대한 행정적인 문서를 작성하는 것도 사육사의 업무입니다. 물론 동물만 키우는 사육사도 있겠죠. 하지만 그 외의 일도 사육사의 업무가 될 수 있다고 생각하면, 사육사 직업을 갖고 싶은 학생들에게 도움이 될 것 같아요.

동물원에 근무하는 다양한 직업군이 궁금해요.

편 동물원에 근무하는 다양한 직업군이 궁금합니다.

김 제가 근무하는 동물원에는 다양한 직업군의 직원들이 근무하고 있어요. 이해하기 편하게 동물원 조직도로 설명해 드릴게요. 크게 동물원 전체를 총괄하는 동물기획과, 동물 사육이 주 업무인 사육사가 소속되어 있는 동물복지과, 동물 진료와 동물 연구를 총괄하는 종보전연구실, 동물원 운영을 관리하는 운영과, 동물원 시설을 담당하는 시설과, 동물원 조경을 담당하는 조경과 등이 있습니다. 과마다 특별한 직업군을 말씀드리면, 기획과에는 동물원 큐레이터라고 해서 행동 풍부화, 동물 훈련, 동물사 리모델링, 동물 종 관리를 하는 담당 큐레이터들이 있어요. 그리고 동물들이 먹는 모든 사료를 책임지는 동물 영양사가 근무하고 있고요. 복지과에는 사육사들이 있고, 연구실에는 동물을 진료해 주는 수의사, 동물 연구를 하는 연구사들이 있죠. 그리고 운영과에는 동물원 관람객들을 위한 서비스팀이 있고, 시설과, 조경과에는 각각 시설 담당, 조경을 담당하는 분들이 있어요. 이렇듯 동물원은 다양한 직업군의 사람들이 모여서 만들어 나가는 곳이랍니다.

서울대공원

관리부

전략기획실	총무과	운영과	시설과	조경과
기획·조정	총무인사	운영	전기시설	공원조성
마케팅	정보통신	환경	기계화공	조경시설
홍보	노동안전	고객지원	건축시설	산림휴양
	재무	야구장관리	시설안전	조경디자인
				식품보전

동물원

동물기획과	동물복지1과	동물복지2과	종보전연구실
동물원운영	조류팀	대동물	생태연구
동물원기획	남미팀	어린이동물	분석연구
동물영양	맹수팀	아프리카	진료
자연학습	동양팀	유인원	병리
			방역

서울대공원 조직도

동물 관리 외에 다른 업무는 뭐가 있나요?

편 동물 관리 외에 다른 업무로는 어떤 일을 하나요?

김 동물 관리 말고도 해야 할 일들이 많습니다. 행동 풍부화나 긍정 강화 훈련 등은 동물 관리에 포함된다고 치면 그 외 대부분의 업무는 문서를 작성하는 행정 업무나 동물 관리에 필요한 물품 구매, 관람객들에게 즐거움을 제공하는 생태설명회 진행, 보유 동물에 대한 양질의 정보를 제공하는 사육사 노트 제작 등 다양한 외적인 업무를 진행하고 있어요.

사육사가 제작한 사육사 노트

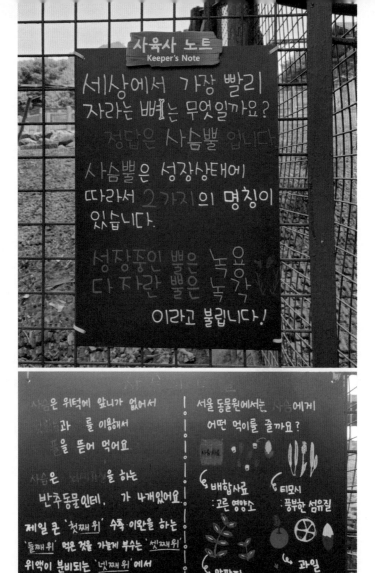

사육사가 제작한 사육사 노트

업무 강도는 어떤가요?

㉠ 업무 강도는 어떤가요?

㉡ 회사마다 다르겠지만, 보통의 사무직군과 비교했을 때는 체력적으로 업무 강도가 센 편이에요. 사육사가 되고 싶은 학생들을 만날 때마다 하는 말이지만 건강관리를 정말 잘해야 합니다. 사육사는 사무실 책상에 가만히 앉아 있는 경우가 거의 없어요. 무거운 짐을 드는 일도 많고 몸을 계속 움직여야 하는 경우가 대부분이죠. 물론 어떤 동물을 담당하느냐, 어느 동물원에 있느냐에 따라서 편차가 크기 때문에 일반화하기는 어렵지만, 몸이 편한 직업은 아니라고 말씀드릴 수 있어요. 동물 사료가 보통 25kg 무게의 포대인데요, 건초나 과일 간식, 그 외에 부수적인 것들까지 옮기면 수레나 도구가 있어도 힘이 많이 들어요. 그리고 청소하는 것도 전부 몸으로 하는 일이죠. 관리하는 동물에 따라서 스케일이 모두 다르지만, 먹이를 잘라서 주고, 돌보는 일까지 전부 몸을 움직이는 일이에요. 매일 반복하는 일이고요.

사실 저는 몸으로 하는 일이 좋아서 이 직업을 선택했어요. 대학생 때 교내에서 잠시 사무보조 인턴을 했었거든요. 그

때 제가 하루 종일 사무실에 앉아 컴퓨터 모니터만 보며 일을 하는 게 맞지 않다는 걸 깨달았죠. 저처럼 활동적인 일을 좋아하는 사람은 사육사란 직업이 잘 맞을 수도 있습니다. 저는 학생들이 사육사라는 직업의 강도를 체험하는 걸 추천해 주고 싶어요. 동물원 내에서 직접 참여할 수 있는 활동들을 찾아보면 좋을 것 같아요.

어떤 사람이 사육사 직업과 잘 맞을까요?

편 어떤 사람이 사육사 직업과 잘 맞을까요?

김 사육사 모두의 공통점은 동물을 좋아하고 관심이 많다는 거예요. 특히 책임감이 강하다는 느낌을 많이 받는데요, 동물을 위해서 자기 능력 이상의 힘을 발휘하는 분들도 많아요. 생명에 대한 책임감과 사명감이 투철한 분들이죠. 사육사 중에는 동물을 그다지 좋아하지는 않지만, 동물에 대해 알아보고 싶어서 들어온 분들도 있어요. 동물과의 특별한 추억이 있어서 시작한 분도 있고요. 다양한 사연의 여러 사람이 있습니다. 특별한 능력이 없어도 동물에게 관심이 많고 동물을 좋아하는 사람이라면 사육사로서 충분하다고 생각합니다. 그런데 동물을 너무 좋아해서 동물에게 감정이입이 잘 되는 사람은 사육사와 좀 안 맞는 것 같아요. 동물을 돌보면 정말 많은 일들이 일어나거든요. 환경을 아무리 좋게 해줘도 동물원이 자연만큼 넓을 수도 없고요. 좋아하는 마음이 앞서는 분들은 그 모든 상황에 감정이입이 돼서 더 많이 안타까워하고 심적으로 힘들어하는 것 같아요. 심한 경우에는 동물원 자체를 부정하는 분들도 있고요. 그런 분들은 사육사라는 직업이 맞지 않겠죠.

담당 사육사를 싫어하는 동물도 있나요?

편 담당 사육사를 싫어하는 동물도 있나요?

김 사육사를 좋아하는 동물, 사육사가 오든 말든 관심 없는 동물, 사육사가 오기만 하면 도망가는 동물로 구분되는 것 같아요. 동물이 사육사를 싫어하는 게 아니라 사람 자체를 피하는 의미로 생각하면 될 것 같아요. 동물이 자신을 전담하는 사육사를 알아보는지 궁금해하는 분들이 많은데요, 이 대답은 "동물 종마다 다르다."입니다. 사육사와 일반인을 구별하는 동물이 있는 반면에 전혀 구별하지 못하는 동물도 있어요. 하지만 사람을 싫어하는 동물이거나 사육사를 싫어하는 동물도 시간이 지나면서 자기(동물)를 신경 써주고, 생각해 주고, 아껴주고, 걱정해 주고, 이해해 주는 사육사들의 진심을 느끼죠. 맹수가 아닌 이상 시간이 지나면 사육사들이 동물과 한 공간에 있으면서 밥을 주고, 청소하고, 작업을 하는 데 큰 무리가 없어요. 사육사들은 이런 느낌을 교감이라고 표현하는데, 동물과의 교감을 통해 서로 마음의 문을 여는 순간 적대심은 크게 사라지죠. 어느 동물이나 처음에는 다 경계해요. 그러다 매일 만나고 시간이 쌓이면 자신을 보살펴주는 사람에게 곁을 내주죠.

그다음에는 가까이 가도 도망가지 않아요. 저는 지금 사슴을 담당하고 있는데, 처음에는 청소하거나 밥을 주러 들어가면 많이 도망갔어요. 그런데 지금은 들어가서 사슴들 사이를 왔다 갔다 해도 아무도 도망가지 않아요.

뿔이 위용 넘치는 사슴

동물이 아프거나 다치면 사육사 책임인가요?

편 담당하는 동물이 아프거나 다치는 경우도 있잖아요. 그럴 때 사육사가 책임지나요?

김 회사마다 달라요. 사실 책임이라기보다 원인을 찾아야 하잖아요. 실제로 동물들이 갑자기 죽는 경우가 많거든요. 전조 증상이 있었겠지만 미세한 변화는 사육사도 찾기 힘들어요. 아프거나 죽으면 원인을 찾아서 제출하고, 재발을 방지하는 데 노력하죠. 제가 근무하는 서울대공원은 자체 병원이 있어서 질병이나 바이러스에 의한 것인지 부검을 통해서 확인합니다. 그런데 부검해도 원인을 알 수 없는 경우가 정말 많아요.

편 동물들이 싸우다 죽는 경우도 있나요?

김 많습니다. 수컷들이 영역 싸움을 하다 다치거나 심하게는 죽는 일도 있고요. 암컷들이 싸우기도 해요.

편 동물들이 싸우면 사육사는 어떻게 하나요?

김 최대한 말리죠. 그런데 말릴 수 없는 동물들도 있어요. 사육사는 애초에 동물을 같이 붙여놔도 괜찮은지 고민을 많이

해요. 그런 판단도 사육사의 몫이고, 전적으로 저희 책임이에
요. 방사장이 많은 건 아니니까 합쳐야 할 때도 있고, 무리로
생활하는 동물들은 같이 있어야 하니까요. 그 안에서 떨어지
거나 따돌림당하는 동물들은 결국에 떨어뜨려 놓죠. 세심히
살펴야 하는 동물들도 많고요.

사슴의 야생성을 길러줄 장난감 제공

머리가 좋은 동물은 어떤 행동을 하나요?

편 머리가 좋은 동물은 어떤 행동을 하나요?

김 동물마다 지능이 다 달라요. 지능이 높은 대표적인 동물이 돌고래죠. IQ가 70 이상이라고 해요. 훈련해 보면 돌고래의 높은 지능을 체감할 수 있는데요, 훈련사들이 돌고래가 이렇게 할 거로 예측해서 행동하면 돌고래들은 그 훈련사보다 더 멀리 내다보고 행동하는 경우도 있어요. 훈련사와 밀고 당기기도 하고, 기싸움도 하죠. 아침 일찍 출근해서 피곤하고 잠도 덜 깬 상태로 돌고래를 보러 가면, 돌고래들이 먼저 다가와서 장난도 걸고 좋은 감정을 교류해요. 그들의 마음이 느껴지죠. 실제로 위로받는다는 느낌도 들고요. 그리고 훈련할 때 잘 해내면 간식을 주니까 훈련사들이 하자는 대로 잘 따라오거든요. 그런데 막상 관람객들이 오면 실전에서는 잘 안 해요. 왜냐하면 그 상황에서는 훈련사들이 어떻게 할 수 없다는 걸 잘 알거든요. 실전에서는 잘해도 못 해도 간식을 준다는 걸 잘 아니까 오히려 대충 하는 거죠. 연습 때는 되게 잘하고요. 결국에는 돌고래를 이길 수 없는 것 같아요.^^

편 순한 동물도 돌발 행동을 할 때가 있나요?

김 제가 지금 사슴을 담당하고 있는데, 수컷 사슴은 뿔이 크게 달려 있고 암컷도 덩치가 큰 애들은 크거든요. 그런 경우엔 위험할 수 있어서 미리 조심하죠.

뿔이 떨어진 사슴

담당하는 동물은 어떤 방식으로 바뀌나요?

편 담당하는 동물은 어떤 방식으로 바뀌나요?

김 회사에서 자체적으로 정하다 보니까 명확하진 않아요. 상황마다 다르고요. 다른 쪽에서 인원이 빠지면 갑자기 이동해야 하는 경우가 생기기도 해요. 공공기관은 발령을 내니까 좀 더 상의하고 시간상으로도 여유가 있지만, 사기업들은 그렇지 않은 것으로 알고 있습니다.

편 동물들 입장에서 보면 안 좋은 것 아닌가요?

김 그렇죠. 더 좋은 사육사가 오면 동물들에게 좋겠지만 서로 적응하는 시간이 걸리거든요. 저는 그게 낭비라고 생각해요. 요즘은 한 동물사를 10년 동안 전담하자는 얘기도 나오는데요. 장단점이 있어요. 한곳에 오래 있으면 고인 물이 돼서 아무래도 그냥 지나치는 게 많아지게 되죠. 조직에는 새로운 사람이 계속 필요하기도 하고요. 그래서 한 명의 전문가를 전담으로 놓고 나머지 인력을 바꾸자는 얘기도 나오고 있는데, 아직은 확실하게 정해져 있지 않아요. 예전에는 5년 지나면 무조건 이동했는데 지금은 상황에 따라서 불규칙하게 이동하기도 해요.

큰 보람을 느낀 적은 언제인가요?

편 큰 보람을 느낀 적은 언제인가요?

김 영원히 가슴에 남을만한 큰 보람을 느낀 적이 있는데요, 사육사 중에서도 소수만 해볼 수 있는 경험이었어요. 내 손으로 매일 밥 주고 청소해 주던 남방큰돌고래를 대한민국 동물원 최초로 원래의 서식지인 자연으로 돌려보낸 경험이에요. 직접 키운 동물을 자연으로 돌려보내야 했던 그 일이 개인적으로는 아주 힘들었어요. 집에서 가족처럼 키우던 강아지, 고양이를 원래의 서식지인 자연으로 보내줘야 한다고 했을 때 어느 누가 단번에 보람을 느끼며 보내줄 수 있을까요? '가서 밥은 잘 챙겨 먹을까?, 친구들과는 잘 어울려 다닐 수 있을까?, 아프면 어떡하지?'라는 걱정과 헤어짐의 슬픔을 뒤로 한 채, 더 좋은 곳에서 잘 지낼 수 있다는 희망을 품고 이별을 준비했죠. 지금은 잘 지내고 있다는 소식을 들어서 큰 보람으로 느끼고 있어요. 그 외에도 평상시에 잘 지내는 동물들을 보면 내가 뭔가 도움이 되었다는 작은 보람을 느껴요. 아플 때 옆에서 간호하고 그 동물이 다시 건강해졌을 때, 새끼를 낳거나 알에서 새끼가 부화했을 때, 내가 준비한 밥을 잘 먹을 때, 기분 좋은

제주도 돌고래 방류 현장 (출처: 네이버)

제주도 돌고래 방류 뉴스 인터뷰 (출처: 네이버)

모습을 볼 때, 놀아달라고 쫓아올 때 그 모든 순간마다 보람을 느끼죠. 매 순간 보람을 느끼는 직업이 사육사예요.

🔵편 과거에 서울대공원의 돌고래 방류가 있었어요. TV에도 많이 소개됐었죠. 선생님은 그 당시 돌고래 담당 사육사였는데, 이야기를 들어볼 수 있을까요?

🔵김 대공원에 남방큰돌고래 다섯 마리가 있었어요. 환경단체에서 의견을 냈는데, 여러 가지 이슈가 복잡해지면서 방류하기로 결정된 거예요. 사육사들은 돌고래들이 이미 나이가 들었고 여기에서 오래 관리를 받다가 방류됐을 때 자연에서 잘 적응할 수 있을지 불투명하니까 방류하지 않는 게 좋겠다고 생각했어요. 그런데 결론적으로는 방류하기로 결정이 됐고, 한 마리씩 내보내서 지금은 대공원에 돌고래가 없어요. 한 마리를 제외하고는 다들 잘 어울려 지내고 있대요. 무리에서 새끼를 낳은 돌고래도 있고요. 걱정을 많이 했는데 잘살고 있어서 다행이에요. 당시 해외에서도 이슈가 되었죠. 대한민국에서는 처음 있는 일이었고 해외에서도 사례가 많지 않았거든요.

동물이 제일 예뻐 보일 때는 언제예요?

편 동물이 제일 예뻐 보일 때는 언제예요?

김 그냥 가만히 있어도 예뻐 보여요. 특별히 애교를 부리거나 놀아달라고 할 때는 더 예뻐 보이죠. 평소에 밥 잘 먹고 누워서 자는 모습도 예쁘고, 아프지 않고 잘 뛰어놀고 있는 모습도 매 순간 특별해 보입니다. 생각해 보면 부모가 자녀를 보면서 느끼는 감정과 비슷한 것 같아요.

예전에 돌고래를 관리할 때 일인데요, 제가 체력적으로나 정신적으로 힘들어할 때 아침에 출근해서 순찰하면 돌고래들은 머리가 좋은 친구들이어서 그런지 저에게 다가와 장난을 쳐줬어요. 순찰하면서 밤에 잘 잤는지, 별일 없었는지 말을 걸면 제 목소리가 힘없어 보였는지 장난을 친답시고 물을 뿌리기도 하고, 눈앞에서 애교도 부리며 아침부터 힘을 낼 수 있게 도와준 경험이 자주 있었죠. 이런 친구들을 어찌 안 예뻐할 수 있나요?^^

동물에게 먹이 주는 횟수가 어떻게 되나요?

편 동물에게 먹이 주는 횟수가 어떻게 되나요?

김 사육사마다 다르고 동물마다 다른데, 보통은 하루에 한 번 줘요. 훈련할 때는 여러 번에 나눠서 주기도 하고요. 초식 동물은 풀, 펠릿Pellet 사료, 과일, 채소를 다 주는데요. 한꺼번에 주면 달콤한 과일을 제일 먼저 먹어요. 초식 동물은 풀을 많이 먹어야 하거든요. 그래서 공복 상태에서 풀을 먼저 준 다음에 오후에 펠릿, 과일을 주는 식으로 순서를 정하죠. 그리고 파충류 중에 뱀은 한 번 먹으면 보름 동안은 밥을 안 먹어도 괜찮아요. 소화하는 데 오래 걸려서 다 소화되면 다음 먹이를 주는 식으로 사이클을 보면서 주죠.

편 펠릿은 뭔가요?

김 영양분을 압축해서 딱딱한 형태로 만든 사료라고 보면 돼요. 옥수수 알갱이도 같이 들어 있고요. 사슴도 사슴 전용 사료가 있고, 동물마다 전용 먹이가 있어요.

펠릿 사료

사슴 펠릿 사료

동물이 미울 때도 있나요?

편 동물이 미울 때도 있나요?

김 미울 때가 없다면 거짓말이죠. 동물을 좋아하지만 저도 감정이 있으니까요. 밉다는 말보다는 제 마음을 몰라줘서 속상하다는 표현이 맞는 것 같아요. 예를 들어 동물이 아파서 약을 먹여야 하는데 사료에 잘 섞어줘도 안 먹으면 걱정도 되고 답답하죠. 또 동물의 뿔에 이물질이 걸려서 제거해 줘야 하는데 다가가는 순간 괴롭히는 줄 알고 도망가는 친구들이 있어요. 그리고 맛있는 먹이를 다 함께 먹어야 하는 데 힘이 센 동물이 약한 동물들의 먹이까지 다 먹어버리면 조금 미워 보여요. 사육사가 약한 동물들을 따로 챙겨주면 힘이 센 동물들은 싫어하는 티를 내거든요. 동물들은 모두 나름의 서열이 있어요. 다 같이 먹으라고 놓아두면 먹는 애만 먹고, 못 먹는 애들이 꼭 생기거든요. 약한 애들은 한없이 치이죠. 그런 게 안타까워요. 최대한 지켜보다가 너무 심해지면 따로 격리하기도 해요. 그래도 무리 생활을 하는 동물들은 결국 함께 있어야 해요. 계속 분리해 놓으면 사회성, 야생성이 떨어져서 야생동물이 아니라 반려동물처럼 되죠. 잠깐씩 격리해도 최대한 빨리 다시 무리 생활을 하도록 유도해요.

동물의 오물을 청소하는 게 싫지는 않나요?

편 동물의 오물을 청소하는 게 싫지는 않나요?

김 동물이 있는 곳을 청소하는 게 싫다고 생각해 본 적은 없어요. 당연히 내가 해야 할 일이고, 나 아니면 청소해 줄 사람이 누가 있겠나라는 생각이기 때문에 청소가 싫지는 않습니다. 다만, 가끔 몸이 힘들거나 피로가 쌓였을 때는 체력적으로 힘들다는 생각을 해본 적은 있어요. 동물들을 위한 청소는 선택이 아니에요. 싫어도 해야 하고 청소하면서 가장 가까이서 동물의 상태를 확인할 수 있기 때문에 말이 청소일 뿐이지 크게 보면 동물 관리를 하고 있다고 생각하면 좋을 것 같아요.

동물을 돌보면서 위험한 순간은 없었나요?

편 동물을 돌보면서 위험한 순간은 없었나요?

김 예전에 파충류를 관리할 때, 무리에서 따돌림을 당하는 이구아나가 있었어요. 밥을 놓고 나오면 다른 애들은 와서 먹는데 유독 밥을 안 먹는 거예요. 그래서 사과를 집어서 먹으라고 입에 대줬는데, 제 손을 물었죠. 그때는 제가 어리기도 했고 일이 바쁘니까 미숙했던 것 같아요. 제가 손을 내미니까 공격하는 줄 알고 문 거죠. 파충류들은 이빨이 톱니처럼 나 있거든요. 처음에 피가 많이 나와서 찢어진 줄 알고 병원에 갔는데, 인대가 끊어졌더라고요. 그래서 3개월 입원하고 6개월 정도 재활을 했어요.

편 다른 분들도 많이 다치나요?

김 동물에게 물리거나 부딪치는 사고는 잦아요. 바다사자한테도 물리고, 포유류 중에 코아티라는 동물에게 물려서 신경이 끊어진 분도 있었죠.

편 그럴 때는 산재 처리가 되나요?

김 그렇게 하죠. 그런데 민간 동물원의 경우에는 회사에서 처리는 해주지만, 아무래도 산재는 좀 부담스러워하는 것 같아요.

편 위험한 일이네요.

김 위험하지 않다고 얘기할 순 없어요. 보험에 가입할 때도 위험 직군에 속하더라고요. 그래서 보험료가 좀 더 비쌉니다. 심하면 사망사고까지 나는 경우도 있으니까요. 요즘은 근무환경이 개선되어서 저희 동물원은 두 명이 함께 근무해야 해요. 2인 1조로 근무하면서 서로의 앞뒤를 봐주는 거죠. 뒤를 못 보는 경우가 항상 발생하기 때문에 2인이 함께 근무하면 아무래도 사고 위험이 좀 줄어들어요. 동물을 대할 땐 늘 경계심을 갖고 조심하는 게 필요해요.

편 돌고래를 돌보면서 위험한 적은 없나요?

김 돌고래도 위험한 적은 있죠. 일부러 공격하진 않지만, 성질이 나면 입으로 탁탁 치거든요. 돌고래 입 자체가 턱뼈고 엄청 딱딱해서 잘못 맞으면 찢어져요. 사육사들이 돌고래의 상태를 살펴본다고 입을 열어서 손을 집어넣기도 하는데, 이빨이 날카로워서 해외에서는 물림 사고가 일어나기도 해요.

큰뿔양에게 이마 받혀 응급실 간 모습

편 호랑이 같은 맹수는 더 위험한가요?

김 사육사들은 맹수보다 초식 동물이 더 위험하다고 생각해요. 왜냐하면 맹수는 위험하니까 서로 방어적으로 경계하거든요. 그에 비해서 초식 동물은 위험하다는 생각을 많이 안 해요. 지금 제가 사슴을 돌보는데 초식 동물이라서 덜 경계하며 청소하는 경우도 있거든요. 그런데 뿔 있는 동물들이 공격하면 훨씬 더 위험할 수 있어요. 뿔이 정말 뾰족하고 칼같이 날카롭죠. 그래서 오히려 초식 동물을 담당하는 사육사들이 더 위험하다고 생각해요.

힘들다고 느낀 적이 있나요?

편 이 일이 힘들다고 느끼거나 그만두고 싶다고 느낀 적이 있나요?

김 없다면 거짓말이겠죠. 하지만 정말 못 견딜 만큼 힘든 적은 없는 것 같아요. 사육사 일은 몸으로 하는 게 많기 때문에 신체적으로 힘들 때가 많아요. 허리 디스크를 달고 살죠. 저 또한 마찬가지고요. 물리치료를 받는 일은 수두룩하고, 신경 주사를 맞은 적도 있어요. 그래서 저는 여유시간에 운동을 열심히 해요. 갑자기 부상을 당하지 않도록 꾸준히 관리하는 거죠. 사육사 일을 그만두고 싶었던 적은 두 번 있었는데요, 한번은 일하며 다쳤을 때 내가 이 일을 계속할 수 있을지 고민했어요. 다른 한 번은 동물을 위해서 할 수 있는 다른 일이 있지 않을까 라고 고민한 적도 있고요.

사육사의 처우는 어떤가요?

편 사육사의 대우와 복지는 어떤가요?

김 사육사란 직업이 예전보다 인식도 나아지고 대우와 복지도 좋아지고 있는 것 같아요. 꿈을 좇아 직업을 선택하는 것도 좋지만, 대우와 복지도 직업을 선택하는 데 중요한 기준이라고 생각합니다. 현직에서 일하는 사람들이 제일 정확히 알고 있겠죠. 사육사의 대우와 복지는 회사마다 달라요. 제가 다녀본 회사를 예로 들어 얘기하면, 급여는 신규 사육사의 경우 대략 2,400~2,800만 원 사이의 연봉으로 시작해요. 사기업 동물원과 공공기관 동물원의 급여 차이가 크게 나지는 않고요. 대부분 매년 조금씩 오르며 승진하거나 진급하는 경우에 급여가 상승하죠.

사기업 동물원은 대기업 삼성에서 관리하는 에버랜드 동물원, 그 외 개인이나 기업에서 관리하는 동물원을 생각하면 되고, 공공기관 동물원은 대한민국의 시, 도마다 한 개의 큰 공공기관 동물원이 있다고 생각하면 됩니다. 서울시에서 관리하는 서울대공원 동물원, 인천시에서 관리하는 인천대공원 동물원, 청주시에서 관리하는 청주동물원, 대구광역시에서 관리하는 대구 달성공원 동물원 등의 공공기관 동물원이 있어요.

공공기관 동물원에서 근무하는 사육사들은 모두 공무원 신분이에요. 그래서 급여나 복지 부분에서 공무원과 같은 대우를 받죠. 공공기관 동물원에서 사육사로 정년퇴직을 한 분 중에 연봉 7,000만 원 이상 받는 분도 있고요. 이렇게 자세한 액수를 얘기하는 이유는 제가 사육사를 시작할 때만 해도 이 직업은 힘들고, 더러운 일을 하고, 돈도 못 번다는 소리를 많이 들었거든요. 다른 보통의 직업들과 수입이 비슷하다는 걸 얘기하고 싶었어요.

동물원은 주 5일제로 평일에 2일을 쉬는 게 보통이지만, 아직 주 6일제 근무를 하는 동물원도 있어요. 또한 동물원의 특성상 주말 근무는 거의 필수고요. 제가 사기업 동물원에 다녔을 때는 주말 휴무가 없고, 평일에만 쉴 수 있어서 경조사 참석을 거의 못 했던 경험이 있어요. 지금은 대부분 격주로 돌아가며 주말 근무를 하는 경우가 많은 것 같아요.

동물원은 주말 근무가 가능한 사람들을 채용하기 때문에 주말 근무가 필수라는 점 참고했으면 좋겠어요. 그리고 개인적으로 좋아하는 복지 중의 하나가 모든 동물원이 그런 것은 아니지만 업무를 하는 도중 언제든지 샤워를 할 수 있다는 점이에요. 샤워 시설이 근사하게 되어 있죠. 퇴근 전에는 매일 깨

끗하게 씻고 퇴근하기 때문에 사무실에서 근무하는 친구들은 부럽다고 이야기해요. 이 외에 복지는 개인 연차나 보너스, 회사 리조트를 이용할 수 있게 지원해 주는 곳도 있습니다.

서로 비밀 이야기를 나누는 분홍 펠리컨

특별히 노력하는 게 있다면 무엇인가요?

편 특별히 노력하는 게 있다면 무엇인가요?

김 여러 번 얘기하지만, 개인적으로는 특별히 몸 관리와 체력 관리에 신경을 많이 쓰는 편이에요. 몸이 아프거나 안 좋다고 일을 안 할 수 없는 구조라 아파서 쉬지 않는 한 출근해서 동물들 밥을 주고 간단하게라도 청소하며 다시 몸을 쓰고 움직여

대학원 석사 졸업식과 석사 논문

취득한 자격증

야 해요. 체력 관리를 잘 못해서 병을 키우는 경우를 많이 봤어요. 애초에 몸이 아프지 않게 미리미리 관리하고, 컨디션이 조금 안 좋다 싶으면 업무량을 조절하거나 퇴근 후에 집에서 푹 쉬며 몸 관리, 컨디션 관리를 수시로 해줘야 해요. 그리고 사육사로서 자기 계발도 중요하다고 생각하기 때문에 퇴근 후 시간이나 휴무를 이용해 대학원을 다니며 학위, 자격증 취득, 영어 공부 등 다방면으로 노력하고 있죠.

자기 계발에 심혈을 기울이는 이유가 있나요?

편 자기 계발에 심혈을 기울이는 이유가 있나요?

김 처음에 사육사가 되었을 때, 사육사에 대한 사회적 인식이 안 좋고 대우도 좋지 않았어요. '왜 사육사라는 직업을 사회적으로 인정해 주지 않는 걸까?'라는 고민과 회의감, 분노 등의 감정을 느꼈고 직업인 사육사로 성장하기 위해 자기 계발에 노력해 왔죠. 예전에 퇴직한 주임님이 해주셨던 이야기가 있는데요. 과거에는 사육사로 취직해도 그 사실을 집에 숨겼대요. 요즘은 달라졌어요. 사육사로 들어오는 친구들의 학력이 꾸준히 높아지고 있죠. 대학 졸업은 기본이고 대학원 석사 이상 학위를 딴 사람도 많아요. 그리고 동물과 지내다 보면 공부를 많이 하게 돼요. 자료를 찾아야 하는 것들도 정말 많고요.

사육사로서 다른 활동도 하나요?

편 동물원 이외에도 사육사로 활동하는 곳이 있나요?

김 동물원에서는 동물들의 아빠인 사육사로 활동하지만, 휴무 때는 사육사가 되고 싶은 멘티들의 사육사 멘토로 다양하게 활동하고 있어요. 여러 온라인 멘토링 사이트에서 전국 사육사 중 가장 활발하게 멘토로 활동하고 있죠. 오프라인에서도 초, 중, 고, 대학교에서 세미나, 진로 특강, 직업박람회 등 사육사가 되고 싶은 친구들에게 도움을 줄 수 있는 곳이라면 어디든지 가서 열심히 활동하고 있고요.

원격 영상 진로 멘토링 수업

타기관 업무 세미나

대학교 직업 세미나

재미있고, 보람있고
멋있는 직업 **사육사**

고등학교 직업 특강

중고등학교 진로박람회

외국과 우리나라 사육사는 무엇이 다를까요?

편 외국의 사육사와 우리나라 사육사는 무엇이 다를까요?

김 대한민국 동물원에서 근무하며 외국의 사육사들과 만나거나 대화를 나눌 기회가 많지는 않은데요. 몇 년 전에 저희 동물원에서 선진 동물원 견학을 위한 글로벌 프로그램을 만들어서 저도 참석할 기회가 있었어요. 독일, 체코, 헝가리 3개국 다섯 개 이상의 동물원을 방문하며 그곳에서 일하고 있는 사육사들과 짧게 대화할 수 있었죠. 해외의 사육사들은 우리나라 사육사들과 무엇이 다를까 항상 궁금했거든요. 그런데 대화를 해본 결과 사육사들은 다 비슷하다는 결론을 내렸어요. 그들도 우리와 똑같이 동물 이야기에 신나고, 동물을 좋아하고, 즐겁게 일하고 있었어요. 동물들을 위해서 노력하는 사육사의 모습은 국가에 상관없이 모두 똑같았죠. 차이점이 있다면 우리나라는 사육사 한 명의 업무 범위가 그들보다 확연하게 컸어요. 다른 나라의 사육사들은 본인의 업무만 충실하게 했고, 좀 더 여유로워 보였고요.

사육사의 일과

07:00
~08:00

- 사료 해동 및 개체 점검
- 내·외 대기 온도 및 해수 온도 측정
- 비타민 투약 준비(돌고래, 바다사자)
- 시설 점검(방송, 공연 기구 및 공연장 내, 외부)
- 세탁물 건조
- 해양관 방사장 배수 및 순찰
- 내실 배수 및 내실 청소
- 청소용 호스 연결 및 준비
- 보일러실 연락 및 급수 밸브 개방
- 외부 방사장 청소

08:00
~08:50

- 안전 미팅 및 지시사항 전달
- 동물 관리 및 안전 사항 공유
- 하루 스케줄 점검

- 바다사자 내부(청소), 외부(배수)
- 사료 조리, 사료 분배
- 사료 조리실 청소
- 소독조 청소(바다사자, 돌고래 내실)
- 오전 긍정 강화 훈련 사료 및 영양제 투약 준비
- 돌고래 & 바다사자 생태 점검 및 긍정 강화 훈련

돌고래 훈련

- 훈련 후 돌고래관 정리 정돈
- 바다사자 내실 청소 및 긍정 강화 훈련
※ 매주 금요일 풀 클리너 및 수중 시설 안전 점검 실시

풀 클리너 청소

- 방사장 청소 및 소독(4~5개소 격일 청소)
- 펭귄 내실 청소 및 소독
- 청소 중 개체 점검 및 관리
- 청소 후 급수 및 급수량 체크
- 사료 반입 및 해동
- 사무실 및 동물사 내부 청소
- 방사장 및 동물사 순찰 점검
- 세탁물 정리
※ 이환 동물/보육 동물 관리 시 먹이 급여 및 체중 측정

11:00
~11:30

- 생태설명회 준비
- 관람객 입장 및 유모차 보관 안내
- 급수량 체크 및 동물사 순찰

11:30
~11:50

- 생태설명회 진행 및 설명회장 內 관람 안전계도

생태설명회 진행

재미있고, 보람있고
멋있는 직업 **사육사**

● 바다사자 긍정 강화 훈련 및 관람객 퇴장 안내 계도

● 내실 및 외부 방사장 급수량 체크, 야외 방사장 순찰

바다사자 긍정 강화 훈련

● 중식

● 생태설명회 준비
● 관람객 입장 및 유모차 보관 안내

● 생태설명회 진행 및 설명회장 內 관람 안전계도
● 바다사자 긍정 강화 훈련
● 내실 및 외부 방사장 급수량 체크, 야외 방사장 순찰

생태설명회 진행

13:50 ~14:10

- 바다사자 긍정 강화 훈련
- 관람객 퇴장 안내
- 설명회장 순찰 및 해양관 주변 순찰

14:10 ~14:30

- 동물사 환경개선 및 행정 업무
- 내실 특별 관리 개체 사료 급여 및 관찰
- 사료 해동 및 분리 작업

14:30 ~15:00

- 생태설명회 준비
- 관람객 입장 및 유모차 보관 안내
- 급수량 체크 및 동물사 순찰

15:00 ~15:20

- 생태설명회 진행 및 설명회장 內 관람 안전계도
- 외부 방사장 순찰

생태설명회 진행

15:20
~16:00

- 관람객 퇴장 안내
- 설명회장 시건장치 점검 및 폐쇄
- 설명회장 순찰 및 해양관 주변 순찰
- 바다사자 긍정 강화 훈련
- 방사장 및 내실 급수량 체크
- 보일러실 연락 및 밸브 폐쇄
- 내·외 대기 온도 및 해수 온도 측정
- 동물사 환경개선 및 행정 업무

바다사자 긍정 강화 훈련

16:00
~16:30

● 해양관 외부 방사장 및 내실 사료 급여
● 익일 사료 해동 준비 및 조리실 마무리 및 청소
● 해양관 외부 방사장 순찰 및 시건장치 점검

외부 방사장 사료 급여

내실 사료 급여

외부 방사장 사료 급여

 16:30
~17:00

- 돌고래 & 바다사자 생태 점검 및 훈련
- 최종 마무리 긍정 강화 훈련

돌고래 생태 점검

돌고래 긍정 강화 훈련

- 대기실 및 바다사자 내실 정리 정돈
- 근무복 세탁
- 설명회장 시건장치 점검

17:00
~18:00

- 일지 정리 및 업무 마무리
- 해양관 및 돌고래관 최종 시건장치 점검

구체적인 업무가 궁금해요.

편 사료에 대해서 궁금한 게 있는데요. 보통 어떤 형태로 들어오나요?

김 해양포유류의 경우 사람이 먹는 것과 똑같이 냉동으로 유통되는 게 많아요. 냉동 고등어는 박스로 들어오고, 동태는 포대로 들어오죠. 그 외에도 전갱이, 열빙어, 도루묵도 있어요. 계절마다 조금씩 바뀌고요. 돌고래나 바다사자들이 기력이 떨어진다 싶으면 꽁치를 줘요. 꽁치가 기름기가 많아서 먹이면 금방 살이 오르거든요.

편 개체를 점검한다는 게 동물들을 점검한다는 의미죠?

김 네. 일단 출근하면 동물들의 상태를 먼저 점검해요. 밤에 잘 잤는지, 먹이는 충분히 먹었는지, 상처가 난 곳은 없는지 간단하게 보죠. 그리고 나중에 훈련하고 밥 주면서 잘 안 보이는 부위까지 꼼꼼하게 확인하고 점검하고요.

편 투약 준비는 뭐예요?

김 건강관리를 위해 동물들한테 아침마다 영양제를 줘요. 매일 간장약을 먹어야 하는 동물들도 있고요. 먹이나 간식 사이에 숨겨서 먹을 수 있도록 하죠. 돌고래는 생선을 먹으니까 먹이인 생선 아가미 사이에 알약을 끼워서 주면 통째로 삼켜요.

편 시설 점검은 어떤 건가요?

김 동물들이 사는 곳에 위험한 게 튀어나와 있거나 깨진 곳은 없는지, 울타리, 외벽은 이상이 없는지 등 전체적인 시설물을 항상 확인해요. 혹시 위험 요소에 걸리거나 긁혀서 다칠 수 있으니까 꼼꼼히 확인하죠.

편 돌고래를 돌볼 때는 물속에 같이 들어가나요?

김 네. 들어가요. 수영을 못하더라도 돌고래를 담당하면 배워야 해요. 청소를 물속에 들어가서 하거든요. 그래서 저는 미리 수영과 스킨스쿠버를 배워서 갔죠. 저뿐만 아니라 돌고래를 관리하는 분들은 스킨스쿠버 자격증이 있어요. 그래서 돌고래를 관리하는 사육사들은 순환시키기가 어려워요. 물론 새로운 사람이 오면 배울 순 있지만, 시간이 너무 오래 걸리고 훈련이 단기간에 되는 게 아니라 어려움이 있어요. 그래서 저도 돌고래를 오래 담당했어요.

編 해양관 방사장 배수 및 순찰은 뭔가요?

김 돌고래 외에도 야외 방사장에 물범과 바다사자가 사는데, 거기에 있는 물을 빼주고 청소하고 다시 물을 채워주는 일이 에요. 아쿠아리움은 배수를 안 하고 정수 시설을 통해서 관리하거든요. 서울대공원은 배수하고 청소하고 물을 다시 채우죠. 수돗물은 아니고 저수지 깨끗한 물을 넣어주는데 양이 정말 많아요. 여름에는 물이 모자라기도 해요. 물이 더러워지면 동물들 상태가 안 좋아지기 때문에 물 관리가 굉장히 중요해요.

編 동물 관리 및 안전 사항, 안전 미팅이 뭐죠?

김 아침에 회의하는 거예요. 저희는 주말에 근무하기 때문에 평일에 쉬거든요. 전날 휴무자에게 동물의 상태에 대해 공유하고, 그날 할 일을 전달해요. 회의 자리에서는 사고 방지나 안전 사항들을 체크하고요.

編 동물들의 긍정 강화 훈련은 뭐예요?

김 요즘 반려견을 훈련할 때도 많이 할 텐데요. 훈련할 때, 잘한 것은 칭찬하고 보상해서 긍정성을 강화하는 훈련이에요. 반대로 부정 강화는 잘못한 것을 혼내거나 소리 질러서 부정적인 부분을 강화하는 훈련이고요. 돌고래는 긴 봉에 타깃이 달려 있어서 거기에 입을 대면 저희가 휘슬을 불어요. 잘했으니까 와서 사료를 받으라는 신호거든요. 서로 약속이죠.

한쪽씩 뿔이 떨어져 결국 두 뿔이 다 떨어진답니다

존경하는 인물이 있나요?

편 존경하는 인물이 있나요?

김 동물원에 사육사로 처음 입사했을 때는 동물학자인 제인 구달과 콘라트 로렌츠를 존경하고 동경했어요. 하지만 몇 년 전에 TV를 통해 국내에서 유일하게 소아 조로증을 앓고 있는 유튜버 홍원기 군을 알게 되었죠. 비록 어린 나이지만 차분하게 본인의 상황과 생각을 전달하는 모습을 보며 저 자신에 대해 많이 반성하게 되었고, 원기 군의 밝은 마음과 행동을 존경하게 되었어요. 동물원에서 힘든 일이 생길 때마다 원기 군을 생각하며 희망을 얻고, 작은 일에도 감사하는 생활을 하기 위해 노력하고 있고요. 앞으로도 원기 군의 건강한 모습을 계속 지켜보며 함께 용기를 내면 좋겠습니다.

직업병은 무엇인가요?

편 직업병은 무엇인가요?

김 저는 길을 다닐 때 동물을 만나면 저절로 그 동물의 상태를 점검해요. 털의 윤기, 눈곱의 유무, 전체적인 관리 상태 등을 보는 거죠. 대형견을 산책시키는 지인을 만났는데 저도 모르게 털을 골라주고 눈곱을 떼어주고 있더라고요. 친구들 집에 놀러 가서 강아지나 고양이, 앵무새 등을 만나면 동물들의 행동 상태를 지켜보다가 이렇게 훈련해 보라고 조언을 하는 편이에요. 동물 자체에 집중하지 못하고 이 동물이 어떻게 지내고 있는지, 어디에서 자는지, 자는 곳은 어떤 모양이고 어떤 크기인지, 온도, 습도는 어느 정도인지 궁금해하죠. 그래서 동물을 아주 오랫동안 지켜봐요. 그리고 동물들을 자극하지 않기 위해 향수나 진한 화장품을 쓰지 않아요. 그 버릇이 몸에 배었어요. 또 액세서리나 시계도 동물들이 다칠 수 있기 때문에 착용하지 않습니다. 근무지 밖에서도 안 하게 되고요. 마지막으로 동물원에서 동물들에게 말을 걸고 혼자 대답하는 등 혼잣말을 하는 일이 많은데, 길에서도 그대로 하고 다녀서 저도 모르게 놀랐던 적이 있었죠.

스트레스는 어떻게 해소하세요?

편 스트레스는 어떻게 해소하세요?

김 저는 주로 운동을 해요. 원래 운동을 좋아하기도 했지만, 체력 관리도 해야 해서 운동을 즐기죠. 운동 외에는 음악을 듣거나 영화, 드라마도 보고, 맛있는 음식을 먹어요. 다만 보통의 직장인들과 조금 다른 게 있다면 사육사들은 동물을 돌보면서 스트레스가 풀리고 위로받는 경우가 많아요. 아직도 생생하게 기억나는 게 있는데요, 돌고래를 관리할 때였는데 출근해서 몸이 무겁고 힘들고 피곤한 상태로 아침 순찰을 하고 있었죠. 돌고래들에게 잘 잤냐고 말을 걸고 손을 흔들어주며 지나가는데 돌고래들이 가라앉은 나의 상태를 알고 있는 것처럼 조용히 옆으로 와서 가만히 있어 주는 거예요. 그리고 일하다 보면 상사에게 지적받는 경우가 있잖아요. 잠시 혼자 있고 싶을 때 돌고래들에게 가면 마치 내가 혼나고 온 걸 알고 있는 것처럼 일부러 제게 장난도 걸고, 곁에서 떠나지 않고 위로를 해줘요. 동물들이 내 옆에 있어 주는 것만으로도 힘이 되고 스트레스가 풀리는 경험을 많이 하죠.

스트레스 해소 마라톤 완주

스트레스 해소 핀수영대회 완주

스트레스 해소에는 역시 돌고래

이 직업을 잘 묘사한 작품이 있나요?

편 사육사나 동물원을 잘 묘사한 영화나 소설 등의 작품을 추천해 주세요.

김 재미있게 봤던 영화는 〈우리는 동물원을 샀다〉(2011)라는 작품입니다. 이 영화가 개봉했을 당시, 서울의 한 극장에서 동물원 사육사들을 초청하여 시사회를 했고 저도 참석했어요. 영화가 실제 동물원의 분위기를 잘 표현했고, 무엇보다 실화를 바탕으로 한 이야기여서 더욱 몰입할 수 있었죠.

사육사 직업 영화 (출처: 네이버)

두 번째는 〈동물원 사육사^{Zookeeper}〉(2011)라는 코미디 장르의 영화입니다. 또 프랑스의 유명한 소설을 영화화한 〈당신, 거기 있어줄래요〉(2016)라는 영화도 추천해 드려요. 서울대공원과 아쿠아리움에서 촬영했는데요, 사육사나 동물원이 영화의 주 내용은 아니지만, 동물원 배경과 여주인공이 돌고래 조련사라는 설정이 제게 많이 와닿았어요.

사육사 직업 영화 (출처: 네이버)

ZOO
KEEPER

사육사가 되는 방법

사육사가 되는 다양한 방법을 알려주세요.

편 사육사가 되는 다양한 방법을 알려주세요.

김 정답은 없는 것 같아요. 본인의 상황에 맞는 방법을 찾아 내면 좋겠습니다. 일단 가장 많이 추천해 드리는 건 대학에서 동물 관련 전공을 하는 거예요. 물론 대학에 가지 않고 고등학 교 졸업만으로 사육사를 하는 분들도 있지만, 요즘 대부분의 대형 동물원은 동물 관련 학과를 졸업한 전공자를 채용하는 추세죠. 학점은행제, 전문대학(2년제), 4년제 대학교 등 동물 관련 전공이면 아무 곳이나 상관없어요. 이렇게 대학의 동물 관련 학과로 진학하면 학교에 다니면서 다양한 실습이나 견 학, 체험 등을 할 수 있고요. 이러한 활동들을 좋은 기회로 삼 는 것도 좋은 방법이에요.

저는 대학교 3학년 겨울방학 때, 사기업 동물원으로 두 달 간 실습을 나갔어요. 아직도 기억나는 일이 있는데요, 오리엔 테이션을 위해 동물원을 방문한 첫날, 60년 만에 어마어마한 폭설이 내려 실습생 네 명 모두 첫날부터 지각을 했어요. 물론 인사과 담당자분도 늦게 오셨고요. 동물원 본부장님이 눈이 많이 왔으니까 눈 치우고 가도 괜찮다고 농담으로 말씀하셨는

데, 저 혼자 남아서 온종일 동물원의 눈을 치우고 귀가했죠. 며칠 동안 계속 동물원에 쌓인 눈만 치웠어요. 제대로 된 사육사 실습을 하기 전이지만 1주일 정도 눈 치우는 일 등 여러 가지 잡일을 했는데 그걸 본 본부장님이 동물원 취업을 권유하셨어요. 실습 두 달 후에 바로 정식 사육사로 채용되어 학교에 취업계를 내고 사육사로서의 첫발을 내디뎠습니다.

보통의 경우에는 인터넷이나 학교를 통해 사육사 모집공고를 내고 서류심사와 면접을 통해 선발해요. 사육사 모집공고에 필기시험은 없고요. 에버랜드는 사육사를 뽑을 때 적성검사라고 하는 필기시험을 보지만 이론시험을 보는 동물원은 한 군데도 없어요. 필기나 실기가 없고 면접 비중이 높아서 자신의 장점을 나타낼 수 있는 경력을 차근차근 쌓아 올리고 자기 계발을 하는 것이 중요한 것 같아요. 항상 후배들에게 기회가 언제 올지 모르니 준비되어 있어야 한다고 이야기합니다. 언제, 어느 동물원에서 어떤 사육사를 필요로 할지 모르기 때문에 다양한 경험과 경력, 실력을 준비해 놓아야 하죠.

채용정보나 기출문제 등은
어디에서 확인해요?

편 채용정보나 기출문제 등은 어디에서 확인해요?

김 동물원 사육사를 모집하는 채용공고는 동물원 홈페이지에서 확인할 수 있습니다. 서울대공원은 서울시에서 관리하는 동물원이기 때문에 서울시 채용공고 사이트에서 가장 빨리 확인할 수 있어요. 구인·구직 사이트에 올라오기도 하고, 사육사 직업 관련 카페 등에서 채용정보를 공유하기도 하고요. 사실 전국 동물원의 채용정보를 한 번에 파악하는 건 쉽지 않아요. 본인이 수시로 검색해야죠. 이런 게 버겁다면 대학교에서 정보를 얻는 게 가장 쉽고 빠른 방법이에요. 학교 교수님이나 선배, 후배들에게 얻는 정보가 사이트 채용정보보다 더 유용할 수 있거든요. 다른 직업도 마찬가지지만 사육사가 되려면 정보 싸움을 해야죠.

많이 알아야 많이 준비하고, 다양하게 대응할 수 있어요. 저도 대학교 시절에 채용 관련 정보가 없어서 지푸라기라도 잡아보자는 마음에 교수님을 찾아가 동물원에 계신 선배님들 연락처를 여쭤봤어요. 교수님과 친분이 있는 선배 몇 분의 연락처를 받았고, 한 번도 본 적 없는 분들이지만 최대한 공손하고 간절하게 연락드려서 상담을 받았죠. 직접 동물원에 찾아가서 인사도 드리고 격려와 응원도 받았고요. 나중에 선배님들께 들은 이야기지만, 갑자기 후배라는 녀석이 찾아오더니 언젠가부터 본인들 주위를 맴돌고 있다가 또 어느 순간부터 같이 근무하고 있다고 하더라고요. 여러분도 간절하다면 움직여야 합니다. 가만히 있으면 아무도 도와주지 않아요. 기회는 직접 만드는 것이라고 생각해요.

학창 시절에 잘해야 하는 과목이나 분야가 있나요?

편 학창 시절에 잘해야 하는 과목이나 분야가 있나요?

김 동물 관련 학과는 자연과학 계열이에요. 자연과학을 배우기 위해서는 이과의 기본과목들을 배우고 대학교에 가서 심화 과정을 배우는 연계가 필요해요. 학창 시절에 과학을 열심히 공부해야 할까 생각해 봤는데요, 도움이 안 되는 건 아니지만 큰 도움이 되는 것도 아닙니다. 차라리 컴퓨터 엑셀, 한글, 워드, 파워포인트를 잘하는 게 사육사 사무 업무를 하는 데 도움이 되는 것 같아요. 사육사가 되기 위해 기본적인 지식은 필요하지만, 동물원마다 동물이 다르고 그 안에서 자신이 맡게 되는 동물이 또 다르고, 개체마다 특성이 또 달라서 공부는 늘 새로 해야 하죠. 동물원 면접에서 필기시험을 보는 것도 아니고요.

저는 이론 공부보다는 경험 쪽에 비중을 두라고 말하고 싶어요. 대신 동물 관련 책들은 원서가 많아서 영어 공부를 많이 하면 좋겠죠. 큰 동물원들은 해외 동물원과의 교류가 많아서 문법보다는 회화가 중요합니다. 저희 동물원은 해외 동물원을 벤치마킹하기 위한 글로벌 프로그램이 있어서 저도 독일, 체코, 헝가리의 여섯 개 동물원을 다녀왔는데요. 그런 기회를 얻기 위해서는 이왕이면 영어를 잘하는 게 도움이 되겠죠. 항상 학생들에게 말해요. 공부에 최선을 다하고, 그 외 시간은 꿈을 위해 노력하면 좋겠다고요. 사실 저는 학창 시절에 공부를 안 했어요. 공부에 큰 관심이 없었거든요. 그런데 시간이 지나고 보니 학창 시절에 안 했던 공부가 사라지는 게 아니라 나이가 들어서도 결국에는 다 해야 하더라고요. 나이 들어서 하는 공부는 살기 위해서 하는 공부이기 때문에 차라리 학창 시절에 공부해 놓기를 추천해 드려요.

신체 조건이 따로 있나요?

편 신체 조건이 따로 있나요?

김 채용공고에 신체 조건을 두고 있진 않아요. 다만 면접에 합격한 후에 공무원/일반 채용 신체검사를 따로 받아야 하는 데, 여기서 불합격하면 탈락하게 됩니다. 간단한 건강검진이라고 생각하면 되고, 건강 상태를 통해 회사에서 맡은 직무를 하는 데 지장이 없는지 알아보기 위해 시행하는 제도라고 보면 될 것 같아요. 검사 항목들이 평상시에 몸 관리를 잘한 분들이라면 문제없이 합격하는 간단한 검사예요. 그런데 본인도 모르게 불합격 결과가 있을 수 있어서 면접 전에 미리 간단한 건강검진을 하는 사람들도 있어요.

유리한 전공 또는 자격증이 있을까요?

편 유리한 전공 또는 자격증이 있을까요?

김 동물에 대한 과목을 배우는 학과 전공이면 유리하고 우대를 받을 수 있습니다. 사실 대부분의 사육사는 동물 관련 학과 전공생들이라 크게 유리하거나 우대라고 할 것도 없을 것 같네요. 그리고 동물 관련 전공은 아니지만 이와 유사한 생물학과 전공까지도 인정해 주는 동물원도 있고요. 전공 분야 인정에 대한 내용은 조금씩 변하기 때문에 미리 지원할 동물원의 채용공고를 확인하여 준비하는 것이 가장 좋은 방법이에요.

그리고 사육사가 되기 위해 정해진 필수 자격증은 없습니다. 자격증이 없어도 사육사가 될 수 있어요. 그러나 축산계열 자격증은 동물원에서 인정하는 자격증이에요. 국가공인자격증으로 축산기능사, 축산산업기사, 축산기사, 축산기술사로 나누어져 있는데 보통은 축산기사를 많이 취득하죠. 생물분류기사(동물)를 취득한 분들도 많고요.

그리고 민간자격증도 있는데, 공식적으로 인정되는 것은 아니지만 충분히 공부해 볼 만한 가치가 있는 자격증이에요. 반려동물 관리사, 반려동물 장례지도사, 반려동물 행동교정사,

펫 시터, 훈련사, 양서파충류 관리사, 관상어 관리사 등 동물과 관련된 다양한 민간자격증도 있죠.

동물과 관련된 다양한 민간자격증

어떤 사람이 사육사가 되면 좋을까요?

편 어떤 사람이 사육사가 되면 좋을까요?

김 동물에 대한 관심과 애정이 필요합니다. 관심과 애정이 부족한 분들은 사육사 직업이 안 맞아서 힘들어하기도 해요. 그리고 동물은 말을 못 하잖아요. 관찰력이 좋으면 도움이 많이 됩니다. 사육사의 관찰력에 따라 동물의 생명이 왔다 갔다 할수 있어요. 관찰력, 세심함 등이 이 일에 필요해요. 동물들은 손이 많이 가서 이것저것 챙겨주고 돌봐야 하죠. 마지막으로 부지런한 사람이 사육사가 되면 좋은 점이 많습니다. 몸으로 움직이는 일이 많다 보니 몸 쓰는 걸 싫어하는 사람보다는 부지런한 사람들이 한 번이라도 동물들에게 더 신경을 쓰기 때문에 사육사 직업이 잘 맞는다고 생각해요. 본인들이 해당 안된다고 걱정할 필요는 없어요. 자신의 장점을 생각해 보고 나의 장점이 사육사가 되었을 때 동물들에게 어떤 도움이 될 수있을까 고민하고 연구한다면 이 글을 읽는 여러분도 좋은 사육사가 될 수 있을 거예요.

이 일이 맞지 않는 사람은 누굴까요?

편 이 일이 맞지 않는 사람은 누굴까요?

김 사육사 업무는 대부분 몸을 움직이는 일이에요. 활동적이지 않고 정적인 분들은 사육사 일이 안 맞을 수도 있어요. 동물에게 큰 관심이 없는 분들도 함께 일하다 보면 금방 티가 납니다. 보통 사육사는 동물에게 하나라도 더 챙겨주고 싶고, 더 좋은 걸 제공하고 싶어 해요. 그런데 동물을 별로 안 좋아하거나 관심이 없는 분들은 기본적인 것만 제공하는 것에 그치죠. 이런 부분은 다른 사육사들과 의견 충돌이 일어날 수도 있기 때문에 힘들어질 수 있어요. 그리고 사육사는 매일 똑같이 반복되는 일이 많아요. 바뀌지 않는 일상에 금방 싫증을 내고 지루해하는 분들도 이 일이 맞지 않습니다. 큰 변화 없이 매일 반복되는 업무에 회의를 느끼고 민감해하는 분들은 이 직업에 맞지 않을 수도 있어요.

청소년기에 어떤 경험을 하면 좋을까요?

[편] 청소년기에 어떤 경험을 하면 좋을까요?

[김] 동물원과 관련된 경험을 쌓는 거요. 예를 들어 동물원에서 자원봉사를 한다던가, 방학을 이용해 실습을 한다거나, 아르바이트를 하는 등 동물원과 관련된 경험을 하면 좋습니다. 기회가 많지는 않겠지만, 동물원과 관련된 경험을 꾸준히 쌓다 보면 커리어나 면접을 볼 때 도움이 많이 되죠. 그리고 예전에 한국동물원수족관협회에서 사육사 아카데미를 운영한 적이 있었는데, 당시에 많은 학생이 참가했어요. 이런 기회들이 생기면 적극적으로 참여하는 걸 추천해 드립니다.

동물원과 관련된 경험을 하기 어렵다면, 유기 동물보호센터에서 꾸준히 자원봉사를 하는 것도 좋다고 생각해요. 하지만 한두 번 가서 하는 건 크게 의미가 없어요. 동물 분야로 진로를 정했다면 한 달에 두세 번이나 정기적으로 꾸준히 활동하는 게 큰 도움이 될 겁니다. 저는 학창 시절에 동물원 경험을 할 기회가 없어서 부모님의 도움으로 시청과 연계하여 방학 때 동네 근처에 있는 목장에서 한 달 동안 숙식하며 젖소키우는 걸 도와드린 적이 있어요. 새벽에 일어나서 사료를 주고 청소도 하면서 직접 동물을 돌보는 걸 경험한 값진 시간이었죠. 이때의 자원봉사 활동으로 봉사대회에 나가서 상까지 받았고요.

청소년기에 동물과 관련해 꾸준히 자원봉사를 하는 것도 좋다

ZOO
KEEPER

사육사가 되면

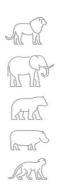

어떤 업무부터 시작하나요?

편 어떤 업무부터 시작하나요?

김 신입 사육사가 되어 시작하는 업무는 회사마다 달라요. 해당 동물원의 인력 현황에 따라서 달라지는 것 같아요. 제가 사기업 동물원에 처음 들어갔을 때는 몇 달 동안 동물과 관련된 업무를 하지 않았습니다. 정말 밑바닥부터 배운다는 생각으로 아무 소속 없이 동물원 전체를 청소만 하러 다니기도 했고, 여기저기 불려 다니며 잡일도 했어요. 이후에는 동물사마다 돌아다니며 수습으로 잠깐씩 업무를 배웠고요. 이때는 인력 현황이 여유로운 상태여서 제가 급하게 동물 관리에 투입되지 않아도 상관없었던 거죠.

하지만 반대로 인력이 부족한 상황에서 신규자가 들어오면 시간이 없으므로 바로 동물 관리하는 업무로 투입됩니다. 오랜 시간을 들여서 배워야 하는 업무들도 빨리 습득해야 하죠. 어떤 것이 좋다 나쁘다고 할 수는 없어요. 처음 출근하는 그때의 회사 상황에 따라서 초보 사육사의 업무에 차이가 있는 것은 사실입니다. 하지만 보통은 앞으로 관리할 동물사의 전체적인 현황, 시설물 관리, 간단한 동물 관리 방법들을 먼저 배우죠. 어떻게 보면 업무를 가르쳐주는 선임 사육사의 스타일에 따라 다른데요. 직접 현장에서 일을 같이하며 가르쳐주는 사람도 있고, 현장에 직접 들어가기 전에 이론으로 충분히 공부시키는 선임도 있어요.

사슴들에게 생초 제공

사육사들의 업무 분장은 어떻게 되죠?

편 사육사들의 업무 분장은 어떻게 되죠?

김 동물원마다 다른데, 작은 동물원은 업무 분장이 따로 없는 곳도 있어요. 공공기관 동물원은 기본적으로 업무 분장을 하고요. 업무 외의 일도 많지만, 과도한 업무로 이의 제기를 할 경우에는 업무 분장 기준이 중요하기 때문에 잘 살펴봐야 합니다.

- 관리 동물의 전시 및 통합 사육 관리
- 사슴사 종 관리 업무: 김호진
- 사슴뿔(녹용, 절각, 낙각)의 보관 관리: 김호진
- 중점 관리 사항-사슴사: 김호진
- 행동 풍부화, 긍정 강화 훈련, 생태설명회 등 개발 및 운영
- 시설물 및 물품 관리에 관한 사항

동물사 공통사항
- 소관 동물의 번식 · 보육 · 순치
- 소관 동물사 주요 노령 동물 특별 관리
- 동물사 내 관람객 질서유지 및 안전 관리

- 동물사 사육 관리 및 공동작업 지원
- 동물 관리 프로그램 전산 입력(번식, 반출입, 폐사 등) 관리
- 물품 구입 및 동물사 물품 관리
- 동물사 시설 유지 관리 및 동물사 시설 공사 발주

현재 저의 업무 분장 내용입니다. 이 업무 분장은 제 담당 동물사를 문제없이 관리하고 끌어나갈 수 있게 만드는 살림살이에 대한 내용이에요. 집안 살림을 하나하나 세세하게 표시할 수 없는 것처럼 동물사 일들도 마찬가지죠. 제가 사기업 동물원을 다닐 때는 업무 분장의 개념도 없었고, 업무 분장이라는 말 자체가 무색할 정도로 여러 가지 일들을 다양하게 했어요. 동물 사육 관리는 기본이고 동물원 전체 시설 보수를 위해 작업원으로 차출되기도 하고, 동물원 내 매점에서 떡볶이, 김밥 등 식사를 파는 일도 자주 했죠. 그때 당시에는 함께 동물원을 꾸려나가는 느낌으로 영차영차 하는 분위기여서 당연하다고 생각했는데 요즘은 동물원도 많이 변화했어요. 큰 동물원도 멀티플레이어를 원하기 때문에 사육사로 들어왔다고 동물 사육 관리만 해야 한다는 사고방식은 맞지 않아요. 그래도 가장 중요한 업무는 동물 사육 관리입니다.

업무 평가는 어떻게 받나요?

업무 평가는 어떻게 받나요?

업무 평가는 동물원 담당 과장, 사기업에서는 팀장의 의견이 많이 반영됩니다. 동물원도 일반 회사와 직원 평가 방법이 크게 다르지 않아요. 뛰어난 실적을 이루어 냈는지, 모범이 되는지, 연차가 오래되었는지 등 여러 방면을 종합해서 업무 평가를 받죠. 지금까지 사기업, 공공기관 동물원에서 다 근무해 본 제 생각은 성실하게 일한다면 어느 관리자라도 그 노고를 알아주고 보답해 주는 것 같아요.

직급 체계가 궁금해요.

(편) 직급 체계가 궁금해요.

(김) 동물원 직급 체계는 공공기관 동물원과 사기업 동물원이 다릅니다. 공공기관 동물원은 공무원이기 때문에 주무관이라는 직함이 있고, 직급에 따라 처우가 달라요. 9급부터 서기보 (9급), 서기(8급), 주사보(7급), 주사(6급), 사무관(5급), 서기관(4급) 이런 식으로 불리지만 현장에서는 그냥 서로 주임님이라고 하죠. 저희 동물원은 6급부터 팀장이라는 직위를 받고 5급은 과장으로 불려요. 본청 공무원은 5급부터 팀장, 4급은 과장으로 불리고요. 사기업 동물원은 회사마다 다르지만 사원-주임-계장-대리-과장-팀장 순으로 올라가고 사원-매니저-팀장-과장 각각 다른 편이에요. 다만 사기업에서는 후배들이 먼저 진급하는 예도 있고, 진급이 정체되어 퇴사하는 사람들도 있어요.

사육사로서 숙련되기까지 얼마나 걸리나요?

편 사육사로서 숙련되기까지 얼마나 걸리나요?

김 사육사는 새로운 동물사를 배정받을 때마다 매번 신입 사육사와 같은 마음이에요. 동물원에 오래 근무했어도 새로운 동물을 만난다는 건 새로운 출발을 하는 것과 같거든요. 그래서 사육사는 끊임없이 공부하는 직업이라고 생각해요. 그리고 계절마다 동물을 관리하는 방법이 달라서 새로운 동물을 만나 새로운 동물사에 적응하기까지 보통 2년 정도 걸린다고 말해요. 1년 사계절을 두 번씩 경험해 봐야 그 동물사에서 제대로 일을 시작하는 거라고요. 간단히 밥만 주고 청소하는 게 아니라 동물이 본래 야생의 서식지에서 살아가는 환경, 습성, 먹이, 생태 등 전반적인 것들을 알고 이해하고 있어야 당당한 사육사라고 생각해요. 내가 관리하는 동물은 그 어떤 전문가보다도 내가 제일 잘 알아요. 다른 곳에서 같은 종을 관리해 본 오래된 사육사가 와도 내 동물은 내가 제일 잘 알죠. 내가 돌보는 동물에 대한 자부심을 가져야 합니다.

근무 시간과 근무 여건이 궁금해요.

편 근무 시간과 근무 여건이 궁금해요.

김 근무 시간은 보통의 회사와 똑같이 오전 9시에서 저녁 6시예요. 공공기관 동물원은 기본 업무 시간을 제외한 근무 시간에 대해 초과 수당을 인정해 줍니다. 사기업 동물원도 초과 근무에 대한 수당이 있지만 결재 기준이 공공기관 동물원보다 조금 더 빡빡하죠. 실제로 공공기관 동물원 사육사들은 종종 오전 7시부터 저녁 8시까지 근무를 해요. 업무가 몰리거나 동물 상태에 문제가 있는 경우에는 초과 근무를 더 하기도 하고요.

근무 여건에 대해 말씀드릴게요. 대부분 동물원은 사무실이 있고, 사무실에서 대기하다가 동물사로 이동해 일하는 시스템이에요. 사료 운반이나 조리를 할 수 있는 사료 창고가 대부분 따로 있고, 관리하는 동물이 실내에 있는 경우 사계절 내내 실내에서만 근무하는 경우도 있죠. 반대로 야외 동물사는 담당 사육사도 사계절 내내 야외에서 근무해요. 비가 올 때는 우의를 입고 날씨가 추우면 털모자를 써야겠죠. 사료는 매일매일 챙겨줘야 하고, 청소도 빠짐없이 해줘야 하므로 날씨는 상관없어요. 휴식 시간은 동물원 회사 상황에 따라 다른데 보통 재량껏 쉽니다.

휴가나 복지제도는 어떤가요?

편 휴가나 복지제도는 어떤가요?

김 휴가는 동물원마다 상황이 조금씩 달라요. 공공기관 동물원은 공무원과 같은 휴가를 보장받기 때문에 재직기간에 따른 연차가 지급됩니다. 공공기관 동물원의 연차는 최대 21일까지 지급되며 기본적으로 병가, 공가 외에 다양한 특별 휴가가 제공돼요. 예를 들면 경조사 휴가, 출산 휴가, 독서 학습 휴가, 가족 돌봄 휴가 등 여러 가지 특별 휴가가 있죠. 그리고 사용하지 못한 미사용 연차에 대해 연 15일까지 연가보상비를 지급하고요. 사기업 동물원도 연차가 있는데요, 회사마다 다르지만, 공공기관 동물원과는 차이가 있어요. 규모가 작은 동물원 중에는 연차가 없는 곳도 있고요. 또한, 연가보상비도 있지만 보통은 연차를 다 쓰도록 권유하죠.

재직기간	연가일수	재직기간	연가일수
1개월 이상 1년 미만	11일	4년 이상 5년 미만	17일
1년 이상 2년 미만	12일	5년 이상 6년 미만	20일
2년 이상 3년 미만	14일	6년 이상	21일
3년 이상 4년 미만	15일	-	-

휴가 종류		휴가 사유	휴가 일수
연가		정신적·육체적 휴식 및 사생활 편의	재직기간·근무 월수에 따라 21일 이내
병가		질병 또는 부상으로 인하여 직무를 수행할 수 없거나 전염병으로 다른 공무원의 건강에 영향을 미칠 우려가 있을 경우	• 일반 병가 60일 이내 • 공무상 병가 180일 이내
공가		징병 검사·동원 훈련, 공무 관련 소환, 건강검진, 결핵 검진, 검역감염병 예방접종, 전국체전, 단체교섭 등	공가 목적에 직접 필요한 시간(또는 일수)
특별휴가	경조사 휴가	결혼, 배우자 출산, 입양, 사망 등 경조사	경조사 및 대상에 따라 1~20일
	출산 휴가	임신 또는 출산 여성 공무원	출산 전후 총 90일(한 번에 둘 이상의 자녀 임신한 경우 120일)
	유산·사산 휴가	유산 또는 사산한 공무원 및 배우자	임신 기간에 따라 10~90일, 배우자 3일
	여성 보건 휴가	생리 기간 중 휴식을 부여	매월 1일(무급)
	임신 검진 휴가	임신한 공무원이 임신 기간 동안 검진이 필요한 경우	임신 기간 중 10일
	모성보호 시간	임신 공무원	임신 기간 중 일 2시간
	육아시간	만 5세(생후 71개월) 이하 자녀를 가진 공무원	일 최대 2시간, 24개월 이내
	난임 치료 휴가	난임 치료 시술을 받는 공무원	1일

휴가 종류		휴가 사유	휴가 일수
특별 휴가	수업 휴가	한국방송통신대학에 재학 중인 공무원 중 연가일수를 초과하여 출석 수업에 참석 시	연가일수를 초과하는 출석 수업 일수
	재해 구호 휴가	재해 피해 공무원 및 재해 지역 자원봉사 공무원	5일 이내
		사회·경제적으로 광범위한 대규모 재난으로 피해를 입은 공무원	10일 이내
	성과 우수자 휴가	직무수행에 탁월한 성과를 거둔 공무원	5일 이내
	사가 독서 학습 휴가	아이디어 발굴 및 자율적 학습 기회 제공	2일
	장기 재직 휴가	10년~19년, 20년~29년, 30년 이상 재직자	10~20일
	자녀 입영 휴가	군 입영 자녀를 둔 공무원	입영 당일 1일
	가족 돌봄 휴가	미성년 자녀 및 그 외 가족(성년 자녀, 배우자, 부모, 조부모, 외조부모, 손자녀)	10일 이내(미성년 자녀 돌봄, 장애아 부모·한 부모 공무원 2~3일 유급, 그 외 가족 돌봄 사유 무급)
	심리 안정 휴가	재난재해 현장 대응으로 인한 정신적 외상에 따른 치료 및 심리적 해소가 필요한 공무원	3일 이내 *소방공무원

복지혜택을 살펴보면 공공기관 동물원의 경우는 공무원에 따르는 대우를 받습니다. 맞춤형 복지제도로 직원 개인에게 배정된 복지 포인트에 따라 건강관리, 자기 계발, 여가 활용, 가정 친화와 같은 복지 항목에 현금처럼 사용할 수 있죠. 지방공무원은 각 시에서 마련한 연수원을 사용할 수도 있고요. 대기업 동물원은 복지 포인트와 기업 숙소를 사용할 수도 있어요. 하지만 대부분의 중소기업 동물원은 복지제도가 미비해요. 이 글을 읽고 기분이 나쁜 분도 있겠지만, 제 글을 통해서 중소 동물원의 복지제도가 개선된다면 저는 기쁜 일이라고 생각해요.

정년과 노후 대책은 어떻게 되나요?

편 정년과 노후 대책은 어떻게 되나요?

김 공공기관 동물원은 정년을 보장합니다. 현재 공무원 정년
은 만 60세예요. 따라서 공공기관 동물원의 사육사는 만 60세
까지 근무할 수 있죠. 사기업 동물원의 경우, 만 60세까지 근무
하는 것은 사실상 거의 불가능하고, 50대 전후로 이직과 퇴직
을 준비하는 분들이 많은 것 같아요.

공공기관 동물원은 공무원 신분이기 때문에 노후를 준비
할 수 있는 공무원 연금을 받을 수 있습니다. 공무원 연금은 월
급에서 자동으로 공제되는 제도예요. 사기업 동물원은 연금제
도는 없지만, 퇴직금이 존재합니다. 퇴직금은 근무한 연차와
월 보수에 따라 금액이 다르므로 보통 사기업 동물원에 다니
다 퇴직한 분들은 퇴직금으로 이직을 준비하거나 새로운 일자
리 등을 알아보곤 하죠.

정년퇴직하면 어떤 일을 하나요?

편 정년퇴직하면 어떤 일을 하나요?

김 경력이 많은 분은 퇴직 후에 실내 동물원 고문이나 자문위원으로 들어가는 경우가 있어요. 그리고 작은 동물원이나 비슷한 분야의 경력직 단기 아르바이트를 나가기도 하고요. 동물 해설사를 하거나 경력을 살려서 작은 동물원을 직접 운영하는 분도 계세요. 저는 정년퇴직 후에 사육사가 되고 싶은 후배들에게 도움을 주는 일을 하기 위해 지금부터 준비하고 있습니다. 제 경력과 경험을 토대로 사육사를 꿈꾸는 후배들이 먼 길로 돌아가지 않고 지름길로 갈 수 있도록 도움을 주고 싶어요. 본인이 좋아하고 잘하는 것에 대해 고민하고 철저하게 준비한다면, 정년퇴직 후에도 즐거운 삶을 살 수 있겠죠.

사육사 직업은 앞으로 어떻게 변화할까요?

편 사육사 직업은 앞으로 어떻게 변화할까요?

김 사육사를 동물과 함께하는 사람, 동물을 지켜주는 사람이라고 생각하는 분들도 있지만, 동물원을 반대하는 분들은 빨리 없어져야 하는 직업이라고 생각하더라고요. 그래도 사육사에 대한 사회적 인식은 점점 긍정적으로 바뀌고 있다고 생각합니다. 사육사들이 자신의 전문성을 더 키우고 펼쳐야죠. 사육사는 앞으로 동물을 지켜주는 집단, 동물의 멸종을 막아주는 집단, 절대 사라져서는 안 되는 의미 있는 직업으로 자리 잡을 것 같아요. 사육사들도 열심히 노력할 거고요. 여러분께서 동물 지킴이 사육사 직업에 많은 관심을 두고 애정을 보내주시면 감사하겠습니다.

ZOO KEEPER

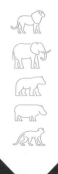

사육사 V-LOG

이번 시간엔 제가 사육사 생활을 하면서 만나봤던 동물 친구들을 추억하는 시간을 가져볼까 합니다. 많은 동물 친구들을 만나봤지만, 항상 제 마음속에 남아 있는 친구들을 여러분께 소개해 드립니다.

동물원에 처음 입사해서 만났던 친구예요. 이름은 '미호(미운 호랑이)'라고 불렀고, 당시 인공 포육을 하고 있었기 때문에 사람들을 잘 따르고 말썽을 자주 부렸던 귀여운 호랑이 친구였죠. 시간이 지나며 성장 속도가 너무 빨라 이후에는 친하게 지내기가 힘들었어요.

푸른혀도마뱀으로 블루텅스킨크라고 불리는 도마뱀 친구입니다. 혀를 날름 날름할 때마다 푸른색이며, 온순한 성격이라 전 세계적으로 많은 사랑을 받는 도마뱀 중의 하나예요.

알비노 비단구렁이입니다. 동물원에서도 보기 힘든 귀한 친구이고, 친해지는데 엄청난 시간과 노력이 필요했을 만큼 처음부터 가까워지기 힘들었죠. 하지만 동물들에 대한 편견을 없애준 고마운 친구예요.

바다악어입니다. 다들 장난감이라고 많이 놀렸던 사진이네요. 다른 여러 개체 중에서 가장 순했지만 무서웠던 친구예요. 이름은 당연히 뽀로로 친구 크롱이죠.

사육사를 너무 좋아하던 물범 친구들입니다. 짧은 손으로 제 다리를 긁으며 놀아달라던 귀여운 물범 친구들. 지금도 제 책상에는 초심을 잊지 않으려고 이 사진을 액자로 만들어 놓았답니다.

           • • • • •

저의 동물원 인생에서 빼놓을 수 없는 친구들이죠. 지금쯤 바다 어느 한가
운데서 잘 지내고 있을 남방큰돌고래입니다. 제돌이, 춘삼이, 삼팔이, 복순
이, 태산이, 금등이, 대포 오랜만에 불러보는 이름들이네요. 얘들아, 다들 잘
지내고 있지?

서울대공원의 슈퍼스타 캘리포니아 바다사자입니다. 웃는 바다사자로 유명
했던 방울이에요. 1989년생으로 나이가 많은 친구죠. 지금은 사진만큼 환
하게 웃지는 못하지만 우리들의 마음속에는 방울이의 웃는 모습이 영원히
기억될 거예요.

방울이하면 함께 기억나는 캘리포니아 바다사자 암컷 친구들 우리와 망고
예요. 수컷인 방울이에 비해 덩치는 작지만 생긴 것만큼 더 귀엽고 애교 많
은 아이들이랍니다.

짧은 다리로 뒤뚱뒤뚱 걸어 다니던 자카스펭귄이에요. 펭귄 친구들하고는 친해지기가 어려워서 결국 많이 가까워지지 못했답니다. 조금 시끄러운 친구들이지만 그래도 귀여우니까 패스.^^

이게 무슨 사진인가 하겠지만, 태어난 지 5일 된 새끼 두루미와 엄마 사진 이에요. 제가 직접 관리하던 두루미가 알을 자연 부화하여 지금도 건강하게 잘 지내고 있답니다. 동물원에서 두루미 자연 부화는 흔한 일은 아닌데요, 저에게는 뜻깊고 귀한 가족사진이죠.

처음 만나본 물범 새끼들입니다. 사진에는 두 마리밖에 없지만, 또 다른 물범 친구가 새끼를 낳아 세 마리가 되어 금, 은, 동으로 이름을 지어준 기억이 있네요. 지금은 살이 많이 쪄서 뒹굴뒹굴 굴러다녀요. 얘들아, 너희도 쪼끔 했던 적이 있었단다.

이건 너무 잘생기게 나온 거 아닌가요? 좋은 사진기로 찍은 큰고니의 사진입니다. 포즈를 잡고 찍은 것도 아닌데 얼짱 각도를 아는 큰고니라고 이야기했었던 기억이 있네요.

새를 키우면서 가장 기대됐던 시간인 밥 먹는 분홍 펠리컨의 모습입니다. 매번 볼 때마다 신기해서 밥 주는 것도 잊어버리고 보고 있었는데요. 저뿐만 아니라 모든 관람객도 함께 감탄을 금치 못했더랬죠. 다들 아는 것처럼 펠리컨 턱주머니에는 많은 양의 물을 담을 수 있어 먹이를 먹을 때 크게 늘어지는 모습을 볼 수 있어요.

블랙스완으로 많이들 알고 있고, 흑고니라고도 불리는 검은고니예요. 다른 고니들과는 다르게 사람을 보면 경계하는 스타일이라 저도 가까이 가려다 날갯짓에 도망간 적이 한두 번이 아니랍니다. 항상 짝지어 다니는 검은고니들의 사랑과 의리에 많이 보고 배웠죠.

발 색깔이 달라 장화를 신고 다닌다고 놀리곤 했던 큰기러기예요. 뒤뚱뒤뚱 장화를 신고 걷는 것 같은 모습에 항상 눈에 띄었던 친구죠. 목소리는 또 어찌나 큰지 목소리만 들어도 누군지 알아맞힐 수 있었답니다.

뒤에 있는 일반 두루미와 생긴 건 비슷하지만 색깔이 많이 다른 재두루미예
요. 성격은 까칠하지만, 두루미와는 또 다른 매력을 가지고 있는 친구죠. 마
지막까지 결국 친해지지 못해 아쉬움이 남는 재두루미입니다.

두루미야말로 영역이 확실한 친구인데 곁을 내어주면서까지 밥을 먹어줘서
정말 고마웠어요. 시간은 오래 걸렸지만, 이 정도까지 친해졌다는 생각에
기분 좋은 사진이에요.

미안한 기억이 많은 수컷 고라니예요. 예민한 성격이라 가까이 갈 수 없어 친하게 지낼 수가 없었답니다. 생긴 건 참 귀엽게 생겼는데 말이죠. 지금은 다른 동물원으로 가서 잘 지내고 있으니까 걱정 없어요.

장난기 많은 수컷 야쿠사슴입니다. 먹으라고 뒷산에서 구해준 칡넝쿨을 가지고 놀다 머리에 감겨버린 사진이에요. 사슴인데 강아지처럼 사람을 잘 따라서 '개슴이'라고 불렀답니다.

무리 지어 생활하는 바라싱가 암컷 친구들이에요. 항상 고마운 게 예민한 친구들이라 사람이 다가가면 날뛰고 도망 다니는데, 제가 가면 큰 움직임 없이 밥 줄 때도 가만히 있고 청소할 때도 가만히 있는답니다.

제 배경화면의 대부분을 차지하고 있는 수컷 붉은사슴입니다. 사슴들은 칡 넝쿨을 주면 다들 뿔에 걸고 싶어 하는지 즐겁게 가지고 노는 모습이 아직도 눈에 선하네요. 올해도 뒷산에 가서 더 많이 구해다 줘야겠어요.

증명사진이라고 찍은 사진인데 너무 귀엽게 나온 거 같아요. 생긴 거만큼 이름도 귀여운 암컷 돼지사슴이랍니다. 누가 지은 이름인지 돼지같이 생긴 건 하나도 없는데, 돼지사슴이라고 불리니까 별로예요.ㅜㅜ

붉은사슴 수컷과 암컷이 긍정 강화 훈련을 하고 있는 사진이에요. 처음에는 덩치 큰 두 사슴 친구들이 무섭게 느껴지기도 했지만, 이제는 눈빛만 봐도 서로 원하는 게 뭔지 아는 정도의 사이가 되었답니다. 가끔 수컷이 장난치려고 할 때 뿔이 위험해서 피해 다녀요.

ZOO KEEPER

채용 면접
기출문제

1 사육사, 아쿠아리스트가 되고 싶은 이유는 무엇인가요?

2 어떤 동물을 좋아하나요?

3 집에서 직접 키워봤던 동물이 있다면 이야기해 보세요.

Q4 학교에서 동물과 관련된 활동을 한 게 있다면 이야기해 보세요.

Q5 사육사가 되기 위해 한 노력에 관해서 이야기해 보세요.

Q6 사육사가 되면 가장 먼저 해보고 싶은 것은 무엇인가요?

Q 7 동물원의 필요성에 대해서 말해주세요.

Q 8 동물원의 기능에 대해서 말해주세요.

Q 9 사육사, 아쿠아리스트가 무엇을 하는 사람이라고 생각하나요?

Q 10 사육사와 아쿠아리스트의 차이는 무엇이라고 생각하나요?

Q 11 긍정 강화 훈련의 필요성에 관해서 설명해 주세요.

Q 12 동물 쇼에 대한 본인의 생각을 말해주세요.

13 동물 행동 풍부화란 무엇인가요?

14 동물 복지에 관해서 설명해 주세요.

15 ○○○(동물)의 관리 방법에 대해서 아는 대로 말해보세요.

Q 16 생태설명회를 진행한 경험이 있다면 멘트를 해보세요.

Q 17 우리 동물원에 지원한 이유는 무엇인가요?

Q 18 지원한 동물원에 대해서 아는 대로 이야기해 보세요.

Q 19 앞으로 동물원에서 어떤 동물을 맡고 싶나요?

Q 20 본인이 동물원을 꾸민다면 어떤 모습으로 꾸밀 생각인가요?

Q 21 어떤 사육사가 되고 싶은가요?

Q 22 앞으로의 계획에 대해 말해주세요.

Q 23 입사 후 포부는 어떻게 되나요?

Q 24 동물원을 선택할 때 중요하다고 생각하는 점은 무엇인가요?

25 5년 뒤에 자신이 어떤 모습을 하고 있을 것 같은가요?

26 본인을 어필할 수 있는 이야기를 해보세요.

27 본인이 입사 후 동물사에 해보고 싶은 계획은 무엇인가요?

28 본인이 겪어봤던 민원 사례와 민원인 대응 방법은 무엇인가요?

29 동물원의 존폐에 대해서 본인의 생각을 이야기해 보세요.

30 요즘 특별한 동물이나 특정 동물원에 대한 이슈에 관해서 이야기해 보세요.

ZOO

KEEPER

나도 사육사

1 내가 사육사라면 근처 동물원이나 아쿠아리움에 방문해서
동물들 방사장에 무엇을 더 꾸며주면 좋을지 생각해 보기
(동물의 특성에 맞춰 꾸며주어야 함)

2 집에 키우는 동물이 있다면 동물의 다양한 행동을 끌어내기 위해 해줄 방법을 생각해 보고 실행해 주기 (예: 강아지 터그 놀이 장난감 만들어주기, 고양이 공 장난감 만들어주기)

3 조만간 동물원에 새로운 동물이 반입될 예정이에요. 내가 사육사라면 어떤 동물이 왔으면 좋겠고, 그 동물을 관리하기 위해 필요한 것들은 무엇인지 자료를 조사하여 정리해 보기 (예: 먹이부터 방사장 환경까지 필요한 모든 것들을 조사해 보기)

4 내가 사육사라면 동물들이 싸울 때, 동물들이 아플 때, 동물들이 즐거워할 때 어떻게 할지 생각해 보기

....

....

....

....

....

....

....

....

....

....

5 오늘은 내가 키우고 있는 동물을 옆 방사장으로 이동시키는 날이에요. 어떤 방법으로 동물을 이동시키면 좋을지 생각해 보기 (동물 종 선정 후, 다양한 방법 중 가장 좋은 방법 선택해 보기)

6 집에서 키우는 동물이나 집 근처의 동물들, 동물원의 동물들을 일정 기간 관찰하며 평상시 행동 상태나 특이한 행동에 대해 기록하고 관찰해 보기 (행동의 특이사항을 통해 동물의 건강 상태, 행동 패턴 등을 간접적으로 분석 가능)

7 현재 관리하는 동물이 있다면 한 달 동안 매일매일 동물 일
지를 작성해서 기록해 보기 (청소, 먹이 급여, 탈피 등 특이
사항 기록과 계획 세워보기)

ZOO
KEEPER

사육사 김호진과의
프리 토킹

편 어떤 계기로 사육사에 대한 꿈을 갖게 되었나요?

김 어릴 적부터 동물을 좋아했어요. 그냥 좋아하기만 한 게 아니라 집에서 여러 가지 동물들을 키울 만큼 좋아했죠. 다행히 저뿐만 아니라 가족들도 동물을 좋아해서 다양한 동물을 키웠어요. 강아지, 고양이, 앵무새, 토끼, 거북이, 물고기 등 집에서 직접 동물을 관리하며 동물들의 매력에 빠지게 되었습니다. 하지만 사육사라는 직업을 제 꿈으로 정하지는 않았어요. 막연하게 동물과 관련된 일을 해야겠다는 마음만 먹고 있었죠. 학창 시절에 방학을 이용해 집 근처 목장에서 먹고 자며 자원봉사를 하면서 힘들었지만, 이 일은 저에게 잘 맞는다는 걸 확인했어요. 그렇게 동물 관련 학과로 진학해 대학교에서 좋아하는 동물을 공부하며 '과연 내가 어떤 직업을 선택하면 더 즐겁고 행복하게 살 수 있을까?' 고민한 끝에 사육사라는 직업을 선택하게 되었습니다.

편 어떤 동물이 제일 예쁜가요?

김 제 눈에 특별히 더 예쁜 동물은 없어요. 물론 겉모습을 기준으로 판단하거나 말 잘 듣는 동물이 예쁘다고 생각할 수도 있지만, 저는 동물을 그런 모습으로 판단하지 않습니다. 모습이 우락부락해도 제 말을 잘 안 듣는다고 해도 그 동물만의 매력이 있고 아름다움이 있다는 걸 깨달았어요. 생명을 가진 동물이라는 존재 자체가 소중하고 의미 있고 예뻐 보여요. 인간이 가진 호불호의 기준을 동물에게 적용할 이유는 없는 것 같아요. 동물들을 보면서 생각하는 건 이거예요. '이 동물만의 매력은 무엇일까?'

편 동물과 소통하는 노하우가 뭔가요?

김 특별한 방법이 있는 건 아니에요. 다만 이제는 제가 동물들의 마음을 조금씩 보는 것 같아요. 분명 시간이 걸리지만 동물들과 매일 얼굴을 마주 보고, 장난을 치고, 서로의 존재를 인정하는 순간부터 친구처럼 느껴져요. 서로 다른 존재가 한 공간에 있지만 낯설지 않고 소통이 되고 교감하는 느낌을 받죠. 동물에 대한 사람의 진심이 답인 것 같습니다. 사육사는 동물들이 잘 지내길 바라는 사람이에요. 매일 밥을 주고, 저 사람이 나를 헤치지 않는다는 신뢰가 쌓이면 동물들도 조금씩 곁을 내어주죠. 그 신뢰와 교감을 바탕으로 소통이 이루어지는 것 같아요. 물론 개체마다 차이가 크고 소통할 수 없는 동물 종도 있지만, 보통의 동물들은 담당 사육사와 소통합니다. 사람이 먼저 마음의 문을 열고 '나는 너의 편이야'라는 마음으로 기다려주면, 동물도 언젠가는 마음의 문을 열고 나에게 다가와 소통하는 신기한 경험을 할 수 있을 거예요.

편 사육사가 무서워하거나 싫어하는 동물을 담당하면 어떻게 하나요?

김 사육사도 사람이기 때문에 싫어하는 동물이 있죠. 하지만 사육사는 담당 동물을 옮겨 다니며 관리하는 순환보직을 하는데, 그때마다 호불호가 존재한다면 회사 입장에서는 다른 사육사를 구해야겠죠. 병적으로 심각한 문제가 있는 게 아니라면 동물 배정에 대해 거부하지 않는 것이 좋아요. 제가 예전에 파충류를 관리하면서 독이 있는 뱀을 관리한 적이 있었어요. 그 당시는 동물원 수족관법이나 야생생물 보호 및 관리에 관한 법률이 제정되기 전이어서 정말 다양한 종이 있었죠. 독이 있는 뱀이 무섭고 위험해서 관리하고 싶지 않았지만, 매일매일 관리하며 가까이에서 지켜본 결과 독이 있는 뱀이 보통의 뱀보다 더 매력적이고 신기하다는 걸 알게 되었어요. 사육사는 동물의 다양한 면을 발견하기 위해 노력해야 한다고 생각해요.

편 오물의 냄새가 싫지 않나요?

김 냄새나는 게 싫고, 동물의 오물이 더럽다고 생각되면 이 일을 하기 힘들어요. 매일 오물 냄새를 맡고 치우는 게 사육사의 일상이거든요. 먼지나 똥, 오줌이 묻어도 다시 쓱 닦고 일하죠. 요즘은 일할 때 마스크를 쓰고 하는데요. 냄새가 싫어서가 아니라 먼지가 많이 나고, 털, 분변 등이 튀거나 묻는 것을 보호하기 위해서 마스크를 착용해요. 대신 대부분의 동물원은 일하고 나면 몸이 더러워지기 때문에 샤워 시설이 잘 갖춰져 있어요. 저희는 오전에 땀을 흘리며 먼지 구덩이에서 오물을 청소하고, 간단하게 샤워를 한 후에 점심을 먹으러 가요. 물론 바쁘게 일하느라 오전에 샤워를 못 하고 식사하는 때도 있지만, 오전에 못 씻더라도 퇴근하기 전에는 꼭 씻고 가야 개인 복장에 냄새가 배지 않아요. 예전에 다른 동물원에서 근무할 때 종일 바쁘게 일하고, 샤워 시설이 제대로 준비되어 있지 않아서 씻지 못한 채 대중교통으로 퇴근했는데요. 사람들이 제 주변에 오지 않으려는 느낌을 많이 받았어요. 하지만 애초에 냄새나는 게 싫고 더러운 게 싫었다면 사육사를 하지 않았을 거예요.

편 동물 학대에 대해 어떻게 생각하세요?

김 요즘 TV나 매스컴에 동물 학대에 대한 이야기가 많은데요. 볼 때마다 너무 화나고 동물들이 무슨 잘못이 있는데 저러는 건지 이해가 되지 않아서 분노가 차오르죠. 하지만 더 화가 나는 것은 동물 학대에 대한 미흡한 조치와 처벌이에요. 동물

학대는 점점 잔혹해지고 발생 횟수도 증가하고 있어요. 그리고 동물 학대가 진화해 사람에게로 향한다는 사례도 있고요. 이렇게 심각해지는 상황에서 법적인 처벌은 약하고 그마저도 제대로 이루어지지 않는 상황입니다. 우리나라도 강화되었다고는 하지만 아직도 해외에 비하면 솜방망이 처벌이라고 생각해요. 영국, 미국은 동물 학대를 중범죄로 취급하여 처벌하고 있어요. 미국의 어떤 주는 동물 경찰에게 수갑이나 총기도 허용하고요. 우리나라는 법 제도나 처벌이 약해서 재발이 많은 것 같아요. 선진국을 따라가지는 못하더라도 국내법에 정해진 처벌만큼은 제대로 받기를 바랍니다. 강력하게 조치한다면 그나마 경각심이 생길 거예요. 앞으로 동물 학대에 대한 처벌법, 방지법은 지속해서 강화되어야 해요. 동물 학대에 대한 조사나 신고를 처리할 동물 경찰 전담 기구가 신설되었으면 좋겠어요. 현재는 시도마다 전담 수사팀을 꾸려서 진행하고 있는데 해외처럼 권한이 막강한 동물 경찰이 국내에 출범하기를 기대하고 있어요.

편 동물원을 찾는 분들에게 부탁하고 싶은 말이 있나요?

김 독일에 티어 파크 동물원이라는 곳이 있어요. 국립공원인데 대자연이죠. 비교 불가예요. 그런데 참 신기한 게 동물원인데도 울타리가 없이 줄만 하나 쳐져 있어요. 아예 줄이 없는 데도 있고요. 그게 가능하다는 사실에 놀랐어요. 우리나라였다면 사람들이 벌써 들어갔을 텐데, 독일 사람들은 안 넘어가더라고요. 우리나라의 경우에는 동물원에 와서 동물에게 뭘 던지는 분들이 많아요. 특히 사람이 먹는 음식이나 과자도 던지고, 집에서 오이나 당근을 챙겨와서 주는 분들도 있어요. 주변의 낙엽을 모아서 주는 분들도 있고요. 사육사들이 일정한 양의 먹이를 제공하고 있고, 특히 과자나 사람이 먹는 음식은 동물에게 좋지 않거든요. 많이 먹어서 배탈이 나기도 하고요. 절대 주지 말라는 경고 문구를 붙여놓는데도 주는 분들이 있어요. 그 경고 문구 아래에서 먹이를 던지기도 하고, 아이들에게 권유하기도 해요. 아이들이 나무 막대기로 동물들을 찔러도 어른들이 막지 않고, 방관하는 분도 많아요. 사육사가 제재하면 왜 안 되느냐고 기분 나빠하세요. 그러면 결국 피해를 보는 건 동물들이에요. 사육사들이 아무리 노력해도 끝까지 하는 분들이 있거든요. 동물 생명에 대한 의식이 더 성숙해져야 해요.

편 사육사들이 모이면 어떤 대화를 하나요?

김 사육사들도 일반 직장에 다니는 사람들처럼 일상을 주제로 대화해요. 다만 동물과 지내는 일상이다 보니 동물과 관련된 이야기를 많이 하는 편이죠. 제가 동물원 옆 관사로 이사를 했을 때, 집에 TV를 설치해 주는 분이 방문하셨어요. 그때 저에게 회사 전화가 걸려 와서 통화했는데, 통화 내용이 사슴, 낙타, 암컷, 수컷, 번식, 사료, 예방접종 등이다 보니 서비스센터 직원이 누가 봐도 동물원에서 일하는 분인 줄 알겠다고 신기해하더라고요. 사육사들이 무조건 동물 이야기만 하는 건 아니지만 보통 사람들보다 대화의 주제가 동물인 건 사실이에요.^^

편 오래 기억에 남는 동물이 있나요?

김 너무 많아요. 그중에 한 동물을 꼽으라고 한다면 돌고래 친구들이 가장 기억에 남아 있어요. 사육사라고 해도 국내에서 돌고래를 관리해 본 사육사는 대한민국에서 1퍼센트도 안 될 거예요. 그만큼 자부심을 느끼고 정성을 들여 관리했던 돌고래들과 이별을 했던 일이 있었죠. 원래 돌고래들이 살던 서식지인 자연(제주도)으로 돌려보낸 일이었는데, 헤어짐의 슬픔과 좋은 곳으로 돌아간다는 기쁨과 알 수 없는 시원섭섭함 등 다양한 감정들이 공존했어요. 대한민국 최초로 남방큰돌고래 다섯 마리를 성공적으로 자연으로 돌려보냈죠. 지금은 서식지의 원래 무리와 잘 어울려 지내며 그중 한 마리는 새끼도 낳아서 건강하게 지내고 있다고 들었어요. 아직도 제주도에 가면 돌고래들이 자주 출몰하는 곳에 가서 친구들을 기다려요. 나와 함께했던 돌고래가 혹시 나를 알아보고 와주지 않을까, 멀리서라도 나를 보면서 고개를 흔들고 있진 않을까 상상하면서요.

편 돌고래들과 마지막까지 함께 있었던 사육사님이네요.
김 가족과 헤어지는 마음이었죠. 돌고래들이 바다로, 더 좋은 환경으로 가니까 다행이라는 안도감과 함께 한편으로는 적응을 잘할지에 대한 걱정도 있었어요. 가서 잘 살면 좋겠다는 바람도 있었고요. 그래도 헤어짐에 대한 슬픔과 허전함이 컸어요. 돌고래들이 떠나고 나서 그 많던 빡빡한 스케줄이 다 없어졌어요. 돌고래는 사육사보다 조련사라는 말을 더 많이 쓰는데, 조련사에서 사육사가 된 느낌도 그 당시는 낯설더라고요. 돌고래들을 떠나보내고 나의 일상이 무너지고 너무 달라져 버린 느낌이었죠. 이별에 적응하는 데 시간이 오래 걸리긴 했어요.

편 지금도 많이 보고 싶을 것 같아요.
김 바다로 보내기 전에 바다에 가두리를 쳐서 두 달 정도 적응 훈련을 했어요. 활어를 주고 직접 먹을 수 있도록 함께 훈련하고 나서 보내줬죠. 보내주면서 등지느러미에 번호도 표시해주고 칩도 넣었고요. 제주도에 갈 때마다 해안도로에 서서 망

원경으로 내가 보낸 돌고래들의 지느러미가 보이나 살펴보죠. 혹시나 볼 수 있을까 해서요. 인터넷으로 검색하면 가끔 사진이 찍혀서 올라오기도 하더라고요.

편 동물에게 화가 난 적은 없나요?

김 동물이 저에게 뭔가를 잘못해서 화가 난 적은 없지만, 다른 동물을 괴롭히거나 못살게 굴 때 화가 났죠. 하지만 이건 엄연히 동물의 세계이고, 동물 간의 질서, 생태, 습성 등 다양한 이유가 있으므로 사람의 생각으로 판단해서는 안 되거든요. 하지만 동물을 관리하는 사육사로서 동물들이 서로 잘 지내면 좋겠어요. 이루어질 수 없는 꿈이지만 사람으로서 그런 기대를 하게 되는 건 어쩔 수 없는 것 같아요.

편 아픈 동물은 어떻게 돌봐야 하나요?

김 아픈 동물이 생기면 사육사는 긴장하면서 신경을 많이 써야 해요. 예전에 돌고래를 관리했을 때, 여름휴가로 지방에 가 있었는데 갑자기 돌고래가 아파서 추가 인력이 필요한 상황이라 휴가를 다 마치지 못한 채 서울로 급하게 올라왔던 경험이 있어요. 물론 동물이 아프다고 쉬지 못하는 건 아니지만, 그만큼 신경을 많이 써야 하는 건 사실이에요.

제가 근무하는 동물원의 경우는 동물원 내에 동물병원이 있어 수의사가 진료를 위해 상시 대기하고 있어요. 아픈 동물을 발견하기 전에 동물의 상태가 평소와 다르고 뭔가 이상해 보이면 바로 수의사에게 연락해 진료를 받죠. 동물은 말을 못해서 이미 사람 눈에 병의 증상이 보이면 골든타임이 지난 경우가 많아요. 골든타임을 놓치지 않기 위해 동물의 상태를 미리미리 세심하게 관찰해야 해요. 동물병원에서 진료받은 동물들은 대부분 약이나 주사, 간단한 시술, 급한 경우 수술을 하는 등의 처치를 받은 상태이므로 그 이후부터는 체력을 끌어올리기 위해 조용히 쉴 수 있는 쾌적한 환경을 조성해 주고, 평소보다 먹는 것에 신경을 많이 써요. 특식이나 양질의 사료를 평소 양보다 좀 더 급여하여 떨어진 체력을 끌어올려야 빠른 완쾌가 가능해요.

편 동물과 슬픈 이별의 경험도 있나요?

김 십여 년이 넘게 근무하면서 아직도 어렵다면 어려운 것이 바로 이별의 순간이에요. 내 손으로 돌 본 동물을 내 손으로 자연으로 돌려보낸 이별, 아픈 친구들과의 이별 등 다양한 헤어짐을 경험했지만, 아름다운 이별, 쉬운 이별은 한 번도 없었어요. 동물원의 동물과의 이별도 힘들었지만, 개인적으로 더 기억에 남는 이별은 집에서 초등학교 때부터 성인이 될 때까지 키우던 강아지와의 이별이 아직도 기억에 남아요. 그때 당시는 이별할 거란 생각을 현실적으로 해보지 않았고, 매일 집에 가면 그 자리에 있어 주니까 심각하게 생각하지 않았던 것 같아요. 아직도 저는 그때의 이별에 갇혀 살고 있는 것 같습니다. 더 이상 집에서 강아지를 키우지 못하고 키울 자신도 없고요. 이런 게 정말 슬픈 이별인 거구나라고 생각하며, 더 잘해주지 못하고, 더 챙겨주지 못했던 부족한 저를 나무라고 있죠. 지금 동물원에 있는 동물들에게는 더 잘해주기 위해서 옛날의 이별을 추억하며 노력하고 있답니다.

편 동물을 사랑하는 사람은 동물의 어떤 면에 관심을 가져야 하나요?

김 집에서 반려동물을 키우는 분들이라면 애정을 잔뜩 주길 바랍니다. 동물의 평균 수명은 그렇게 길지 않아요. 있을 때 잘해주세요. 목욕 한 번이라도 더 시켜주고, 맛있는 거 한 번이라도 더 주고, 한 번이라도 더 산책해 주면 좋겠어요. 그리고 동물을 사랑하는 여러분들에게 부탁하고 싶은 게 있어요. 동물들이 자연에서 잘 살 수 있도록 자연보호에 관심을 주세요. 요즘 고라니, 멧돼지 등 산에서 사는 동물들이 먹을 게 부족해지고, 살 곳이 줄어들어 사람들이 사는 마을로 많이 내려오고 있어요. 우리가 아무리 동물을 보호하고 지키자고 말을 해도 동물들의 서식지를 파괴하고, 먹이를 찾아내는 장소조차 지켜주지 않으면 동물보호, 동물사랑은 허울뿐인 구호라고 생각해요. 강아지, 고양이만 동물이 아니에요. 야생 환경이 필요한 동물들도 우리가 지켜야 하는 동물이죠. 동물들이 자신의 서식지에서 안전하게 생존할 수 있도록 환경과 자연에 대한 많은 관심과 사랑을 부탁드려요.

편 말 못 하는 동물과의 일상이 지루하진 않나요?

김 여러분은 집에서 강아지, 고양이, 앵무새, 토끼, 거북이 등 말 못 하는 동물과 지내는 게 지루하다고 생각해 본 적이 있나요? 지루한 일상이 오히려 동물들로 인해 지루하게 느껴지지 않는 것 같아요. 특히 사육사들이 동물들과 보내는 일상은 생각보다 다이내믹합니다. 지루할 틈이 없어요.

어릴 때 집에서 동물들을 여러 마리 키웠는데요, 저의 아침 기상은 거실 마루에 있는 십자매의 울음소리로 시작했죠. 소음으로 들릴 수도 있지만 저는 집안에서 새소리가 난다는 자체가 신선하고 기분이 좋았어요. 새소리와 어항의 물소리를 눈감고 듣고 있으면 마치 대자연 속에 있는 기분이었어요. 아침에 일어나 동물들의 상태를 확인하고 별일 없었는지 말도 걸어보고, 밥은 잘 먹었는지 확인해 보고, 꼼지락꼼지락하고 있으면 강아지가 달려와 놀아달라고 합니다. 그러면 우리 집 똥강아지도 잘 잤나, 별일 없었나 말을 걸면서 일상이 지루할 틈이 없었죠. 혼자 사는데 종일 집을 비워두면서 퇴근 후 저녁 시간의 외로움을 채우기 위해 반려동물 키우는 건 방치고 학대예요. 그럴 땐 동물을 키울 수 없는 환경이므로 안 키우는 게 맞습니다.

편 선생님의 꿈은 뭔가요?

김 꿈이 점점 바뀌는 것 같아요. 대학 시절에는 일본에 가서 고래상어가 있는 츄라우미 수족관 같은 대형 아쿠아리움에서 일해보고 싶었어요. 그런데 최종 목표였던 사육사가 되어 실제로 해양 포유류와 돌고래도 만났고, 지금은 다른 동물들도 돌보면서 꿈을 이뤘죠.

요즘은 대한민국 동물 분야의 발전에 기여하고 싶다는 큰 꿈이 생겼어요. 사육사들만 동물들을 잘 키워서는 대한민국의 동물들이 잘 살 수 없다는 것을 느끼게 되었고, 여러 가지 제도적인 것들이 뒷받침되어야 동물들이 더 건강하고 행복하게 지낼 수 있다는 생각이 들었죠. 또한 근래에는 우리나라는 아직

부족해서 많은 발전이 필요한 동물 대상 범죄를 엄하게 다룰 수 있는 동물 경찰이 되고 싶다는 생각도 해봤어요. 그리고 마지막으로 항상 소소하게 생각했던 현재 진행 중인 꿈은 사육사가 되고 싶은 친구들이나 저를 필요로 하는 분들에게 도움을 주는 일은 앞으로도 쭉 이어 나가고 싶습니다.

ZOO
KEEPER

이 책을 마치며

편 김호진 선생님, 책 한 권의 인터뷰를 마무리할 시간입니다. 소감이 어떠신가요?

김 먼저 이렇게 좋은 시간을 허락해 주신 편집장님과 출판사 관계자분들에게 감사의 말씀을 드리고 싶습니다. 그리고 오랜만에 학생들과 소통할 수 있는 시간이어서 굉장히 즐겁고 유익한 시간이었어요. 마지막으로 인터뷰를 진행하면서 다시 한번 사육사라는 직업을 할 수 있음에 감사할 수 있는 시간이었습니다.

편 저는 선생님과 인터뷰하면서 집에서 저를 기다리고 있는 레트리버가 많이 생각났습니다. 동물에 대한 사랑은 인간을 행복하고 선하게 만드는 것 같아요. 선생님은 어떻게 생각하시나요?

김 바쁘시겠지만, 편집장님을 기다리는 레트리버에게 한 번 더 신경 써주고 한 번 더 놀아주고 더 많이 챙겨주길 부탁드려요. 그리고 이 책을 읽는 친구들, 학부모님들, 선생님들 모두 집에 있는 반려동물을 위해 더 노력해 주고 신경 써주길 부탁드리고 싶어요. 동물에 대한 사랑은 인간을 행복하고 선하게 만들지만, 반대로 인간에 대한 동물의 사랑은 조건이 없죠. 항상 무조건적인 동물들의 사랑을 생각하며 서로에게 사랑이 가득가득 넘쳐나면 좋겠습니다.

편 이 책을 읽는 청소년, 동물 관련 직업에 관심이 많은 사람, 진로직업에 대해 방황하는 사람들이 어떤 직업인이 되기를 바라나요?

김 이 책을 읽는 모든 분은 본인이 하는 일에 대해 자부심과 사명감을 가지고 일했으면 좋겠어요. 물론 직업을 구하는 과정이 쉽진 않겠지만, 여러분들은 멋진 직업인이 될 수 있어요. 저는 가끔 제 분야가 아닌 다른 분야에서 일하는 분들을 보면서 대단하다고 생각하곤 합니다. 이렇게 각자의 분야에서 열심히 일하는 사람들이 모여 하나의 공동체가 형성되고, 더 나아가 대한민국이라는 나라가 이뤄질 수 있다고 생각해요. 직업에는 귀천이 없죠. 내가 하는 일이 가장 멋있는 일이고, 특별한 일이며, 나보다 잘하는 사람은 없다는 마인드로 자신감을 가지고 일했으면 좋겠습니다.

편 선생님께 직업을 선택할 기회가 주어진다면 다시 사육사 직업을 선택할 건가요?

김 일단 "네"입니다.^^ 일단이라고 앞에 붙인 이유는 사육사라는 직업이 저에게는 만족스럽고 즐겁고 행복하지만, 시간이

지나고 봤을 때 세상에 있는 동물들이 더 건강하고 안전하게 살기 위해서는 다른 직업을 선택하는 것도 괜찮겠다는 생각을 가끔 하곤 합니다. 저는 처음부터 동물을 위한 일을 하고 싶었고, 매일 동물 옆에서 생활할 수 있다는 이유로 사육사라는 직업을 선택했던 것인데, 시간이 지나면서 다른 생각도 하게 되고 즐거운 고민이 생기게 되었죠. 하지만 어떤 선택을 하든 동물과 관련되지 않은 직업을 선택할 일은 없을 것 같습니다.

편 동물을 돌보고 사랑하고 함께 마음 아파하고 또 함께 행복한 직업인 사육사. 아마 이 직업에 관심이 많은 청소년 여러분은 분명히 마음이 따뜻하고 생명에 대한 존중과 사랑이 넘치는 사람일 거예요. 사실 제가 마주하고 있는 김호진 선생님의 얼굴에는 큰 밴드가 붙어 있어요. 초식 동물 진료를 돕다가 뿔에 찔려서 피부 봉합을 하셨죠. 그런데도 동물에 대한 이야기를 나눌 때면 눈빛이 반짝반짝하시네요. 인간의 무한한 마음과 동물의 순수한 생명이 만나는 멋진 직업인 것 같습니다.

여러분, 동물원은 동물만 사는 곳이 아니에요. 동물과 동물을 돌보는 사람이 함께 살아가는 곳이죠. 함부로 대하지 말고 동물원의 규칙을 반드시 지켜주기를 바랍니다. 이 책을 읽는 여러분이 사육사가 되어도 설령 사육사가 되지 못해도 동물을 사랑하고 동물의 터전인 지구의 자연을 보호할 힘을 기르기를 바랍니다. 동물의 삶을 가슴에 품는 사육사 편을 이것으로 마칩니다. 이 세상의 모든 직업이 여러분을 차별하지 못하도록 모든 직업이 여러분을 향해 문을 활짝 열도록 잡프러포즈 시리즈는 오늘도 부지런히 달려갑니다. 다음 시리즈에서 만나요!

청소년들의 진로와 직업 탐색을 위한
잡프러포즈 시리즈 61

재미있고, 보람있고 멋있는 직업

2023년 6월 12일 | 초판 1쇄

지은이 | 김호진
펴낸이 | 유윤선
펴낸곳 | 토크쇼

편집인 | 김수진
교정 교열 | 박지영
표지디자인 | 이든디자인
본문디자인 | 김정희
마케팅 | 김민영

출판등록 2016년 7월 21일 제2019-000113호
주소 서울시 서초구 나루터로 69, 107호
전화 070-4200-0327
팩스 070-7966-9327
전자우편 myys237@gmail.com
979-11-92842-19-6(43190)
정가 15,000원